Bibliothek der Mediengestaltung

Konzeption, Gestaltung, Technik und Produktion von Digital- und Printmedien sind die zentralen Themen der Bibliothek der Mediengestaltung, einer Weiterentwicklung des Standardwerks Kompendium der Mediengestaltung, das in seiner 6. Auflage auf mehr als 2.700 Seiten angewachsen ist. Um den Stoff, der die Rahmenpläne und Studienordnungen sowie die Prüfungsanforderungen der Ausbildungs- und Studiengänge berücksichtigt, in handlichem Format vorzulegen, haben die Autoren die Themen der Mediengestaltung in Anlehnung an das Kompendium der Mediengestaltung neu aufgeteilt und thematisch gezielt aufbereitet. Die kompakten Bände der Reihe ermöglichen damit den schnellen Zugriff auf die Teilgebiete der Mediengestaltung.

Weitere Bände in der Reihe: http://www.springer.com/series/15546

Peter Bühler
Patrick Schlaich
Dominik Sinner

AV-Medien

Filmgestaltung – Audiotechnik – Videotechnik

Springer Vieweg

Peter Bühler
Affalterbach, Deutschland

Patrick Schlaich
Kippenheim, Deutschland

Dominik Sinner
Konstanz-Dettingen, Deutschland

ISSN 2520-1050 ISSN 2520-1069 (electronic)
Bibliothek der Mediengestaltung
ISBN 978-3-662-54604-8 ISBN 978-3-662-54605-5 (eBook)
https://doi.org/10.1007/978-3-662-54605-5

Die Deutsche Nationalbibliothek verzeichnet diese Publikation in der Deutschen Nationalbibliografie; detaillierte bibliografische Daten sind im Internet über http://dnb.d-nb.de abrufbar.

Springer Vieweg

Gedruckt auf säurefreiem und chlorfrei gebleichtem Papier

Springer Vieweg ist Teil von Springer Nature
Die eingetragene Gesellschaft ist Springer-Verlag GmbH Deutschland
Die Anschrift der Gesellschaft ist: Heidelberger Platz 3, 14197 Berlin, Germany

Vorwort

The Next Level – aus dem Kompendium der Mediengestaltung wird die Bibliothek der Mediengestaltung.

Im Jahr 2000 ist das „Kompendium der Mediengestaltung" in der ersten Auflage erschienen. Im Laufe der Jahre stieg die Seitenzahl von anfänglich 900 auf 2700 Seiten an, so dass aus dem zunächst einbändigen Werk in der 6. Auflage vier Bände wurden. Diese Aufteilung wurde von Ihnen, liebe Leserinnen und Leser, sehr begrüßt, denn schmale Bände bieten eine Reihe von Vorteilen. Sie sind erstens leicht und kompakt und können damit viel besser in der Schule oder Hochschule eingesetzt werden. Zweitens wird durch die Aufteilung auf mehrere Bände die Aktualisierung eines Themas wesentlich einfacher, weil nicht immer das Gesamtwerk überarbeitet werden muss. Auf Veränderungen in der Medienbranche können wir somit schneller und flexibler reagieren. Und drittens lassen sich die schmalen Bände günstiger produzieren, so dass alle, die das Gesamtwerk nicht benötigen, auch einzelne Themenbände erwerben können. Deshalb haben wir das Kompendium modularisiert und in eine Bibliothek der Mediengestaltung mit 26 Bänden aufgeteilt. So entstehen schlanke Bände, die direkt im Unterricht eingesetzt oder zum Selbststudium genutzt werden können.

Bei der Auswahl und Aufteilung der Themen haben wir uns – wie beim Kompendium auch – an den Rahmenplänen, Studienordnungen und Prüfungsanforderungen der Ausbildungs- und Studiengänge der Mediengestaltung orientiert. Eine Übersicht über die 26 Bände der Bibliothek der Mediengestaltung finden Sie auf der rechten Seite. Wie Sie sehen, ist jedem Band eine Leitfarbe zugeordnet, so dass Sie bereits am Umschlag erkennen, welchen Band Sie in der Hand halten. Die Bibliothek der Mediengestaltung richtet sich an alle, die eine Ausbildung oder ein Studium im Bereich der Digital- und Printmedien absolvieren oder die bereits in dieser Branche tätig sind und sich fortbilden möchten. Weiterhin richtet sich die Bibliothek der Mediengestaltung auch an alle, die sich in ihrer Freizeit mit der professionellen Gestaltung und Produktion digitaler oder gedruckter Medien beschäftigen. Zur Vertiefung oder Prüfungsvorbereitung enthält jeder Band zahlreiche Übungsaufgaben mit ausführlichen Lösungen. Zur gezielten Suche finden Sie im Anhang ein Stichwortverzeichnis.

Ein herzliches Dankeschön geht an Herrn Engesser und sein Team des Verlags Springer Vieweg für die Unterstützung und Begleitung dieses großen Projekts. Wir bedanken uns bei unserem Kollegen Joachim Böhringer, der nun im wohlverdienten Ruhestand ist, für die vielen Jahre der tollen Zusammenarbeit. Ein großes Dankeschön gebührt aber auch Ihnen, unseren Leserinnen und Lesern, die uns in den vergangenen fünfzehn Jahren immer wieder auf Fehler hingewiesen und Tipps zur weiteren Verbesserung des Kompendiums gegeben haben.

Wir sind uns sicher, dass die Bibliothek der Mediengestaltung eine zeitgemäße Fortsetzung des Kompendiums darstellt. Ihnen, unseren Leserinnen und Lesern, wünschen wir ein gutes Gelingen Ihrer Ausbildung, Ihrer Weiterbildung oder Ihres Studiums der Mediengestaltung und nicht zuletzt viel Spaß bei der Lektüre.

Heidelberg, im Frühjahr 2018
Peter Bühler
Patrick Schlaich
Dominik Sinner

Bibliothek der Mediengestaltung

Titel und Erscheinungsjahr

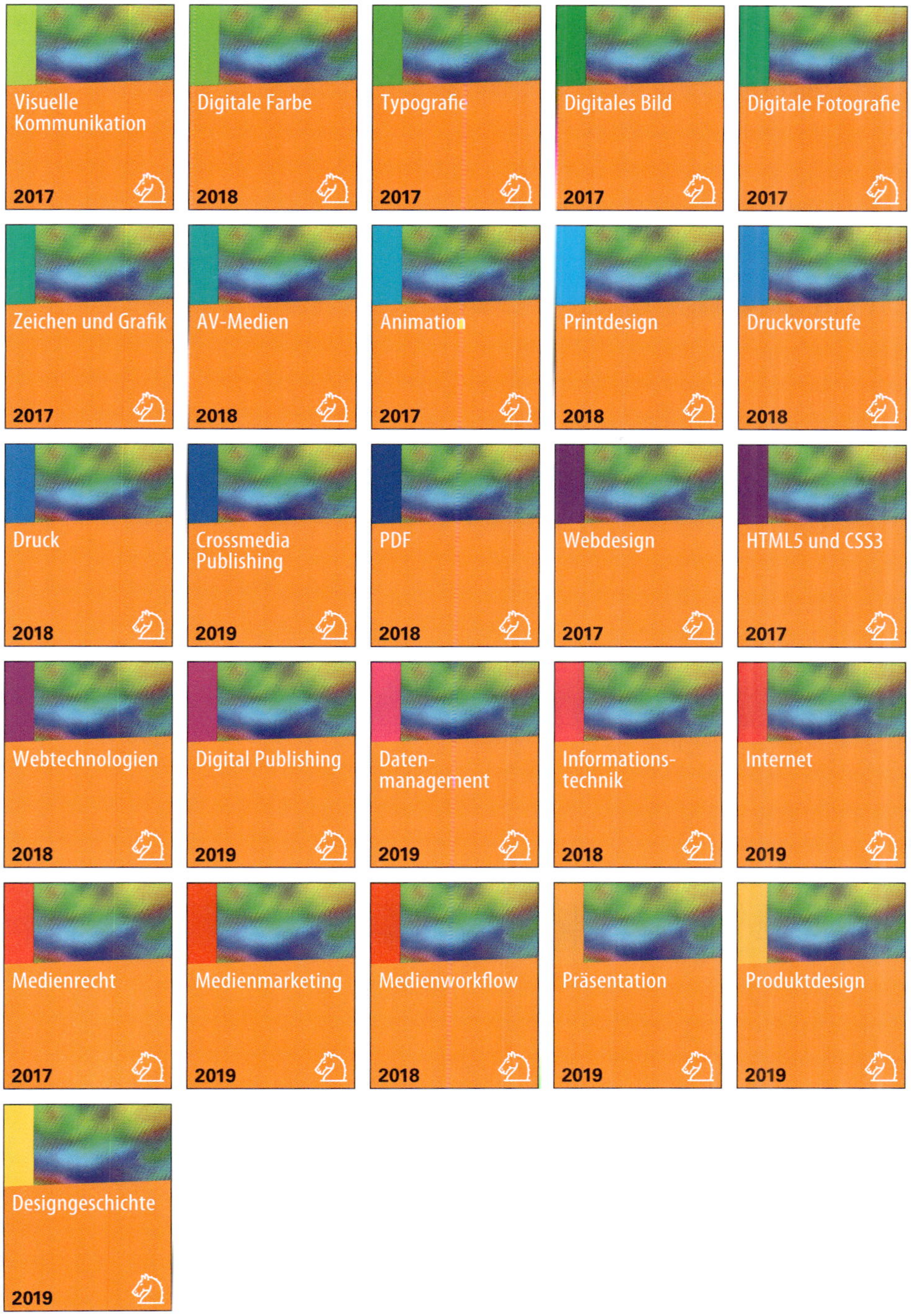

1 Audiotechnik 2

2 Homerecording 16

3 Videotechnik 36

4 Videofilmen 56

1.1 Hören

Wenn Sie einen Stein in einen See werfen, dann werden Wassermoleküle in Schwingung versetzt und diese Schwingung breitet sich wellenförmig in alle Richtungen aus. Bei Schall handelt es sich um einen vergleichbaren Vorgang: Auch hier werden Materieteilchen, z. B. Luftmoleküle, in Schwingung versetzt und die entstehende Bewegung breitet sich in Form von Schallwellen aus.

Das menschliche Ohr dient uns als Schallempfänger. Die ankommenden Schallwellen gelangen über den äußeren Gehörgang zum Trommelfell **A**. Dabei handelt es sich um eine dünne und sehr empfindliche Membran, die durch den Schalldruck in Schwingung versetzt wird. Diese Schwingung wird im Mittelohr über die drei Gehörknöchel Hammer, Amboss und Steigbügel an das Innenohr weitergeleitet **B**. Da das Trommelfell etwa 16-mal größer ist als der Steigbügel und die Gehörknöchel eine Hebelwirkung erzielen, führt die Übertragung des Schalls vom Außen- zum Innenohr zur Verstärkung des Schalldruckes um etwa Faktor 60.

Das eigentliche Organ der Hörempfindung ist die Schnecke im Innenohr **C**. Sie enthält härchenförmige Sinneszellen, die durch den Schalldruck verbogen werden und diese Information über den Schneckennerv an das Gehirn weiterleiten. Dabei ermittelt das Gehirn:

- *Lautstärke* über die Anzahl an erregten Sinneszellen: Je mehr Sinneszellen bewegt werden, umso lauter empfinden wir den Schall.
- *Tonhöhe* über den Ort der Sinneszellen: Tiefe Frequenzen werden im äußeren, hohe Frequenzen im inneren Teil der Schnecke registriert.
- *Schallrichtung* aus der zeitlichen Verzögerung zwischen dem linken und rechten Ohr (räumliches Hörempfinden).

Aufbau des Ohres

Das menschliche Ohr besteht aus dem äußeren Ohr, dem Mittelohr und dem Innenohr.

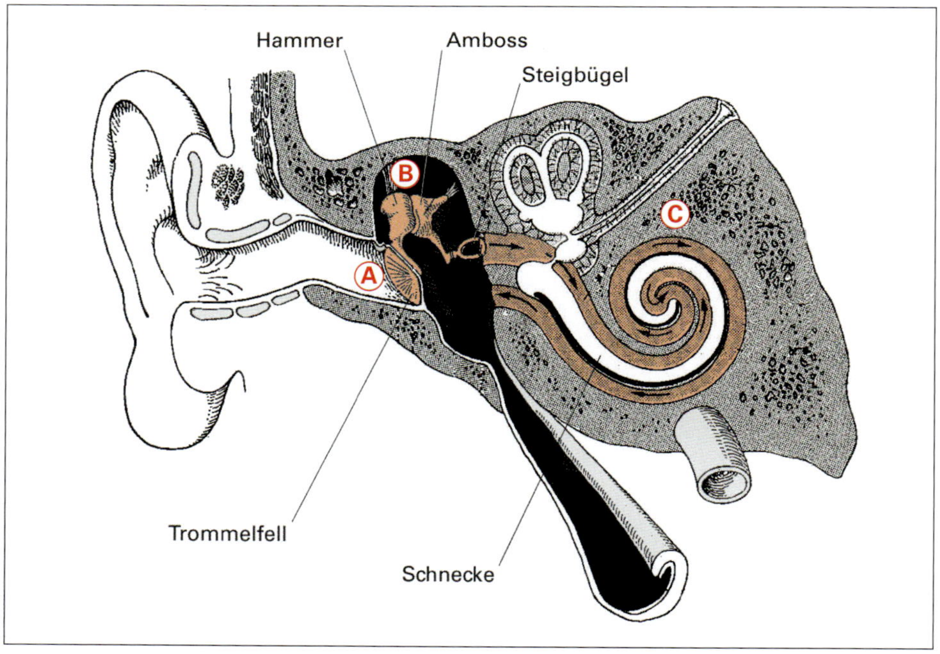

P. Bühler, P. Schlaich, D. Sinner, *AV-Medien*, Bibliothek der Mediengestaltung,
https://doi.org/10.1007/978-3-662-54605-5_1

1.2 Physikalische Grundlagen

1.2.1 Ton

Ob Sprache, Musik oder Geräusche: Jegliche Art von Sound kann in (Grund- und Ober-)Töne zerlegt werden. Sie bilden also sozusagen die Grundbausteine aller Sounds.

Bei einem Ton handelt es sich um eine rein *sinusförmige Schwingung*. Töne kommen in der Natur nicht vor, können aber elektronisch erzeugt werden. Sie klingen demzufolge künstlich, wie jeder am Beispiel des Freizeichens beim Telefonieren bestätigen wird. Ein Ton besitzt folgende Kennwerte:

Periodendauer
Unter der *Periodendauer T* versteht man die Dauer eine vollständigen Schwingung. Einheit der Periodendauer ist die Sekunde [s].

Frequenz
Wesentlich wichtiger in der Audiotechnik ist der als *Frequenz f* bezeichnete Kehrwert der Periodendauer. Die Frequenz besitzt die Einheit Hertz [Hz], wobei 1 Hz einer Schwingung pro Sekunde entspricht [1/s].

Die Frequenz ist das Maß für die *Tonhöhe*. Je höher die Frequenz ist, umso höher ist unsere Hörempfindung und umgekehrt. Wir Menschen hören Frequenzen von etwa 20 Hz bis maximal 20.000 Hz (20 kHz). Mit zunehmendem Alter sinkt die obere Hörgrenze ab, so dass ältere Menschen eventuell Töne über 10 kHz nicht mehr hören.

Unterhalb des Hörbereichs bei Frequenzen unter 20 Hz liegt der Bereich des *Infraschalls*, oberhalb von 20 kHz der des *Ultraschalls*. Es ist bekannt, dass Tierohren für andere Frequenzbereiche optimiert sind. Fledermäuse beispielsweise navigieren mit Hilfe von Ultraschall.

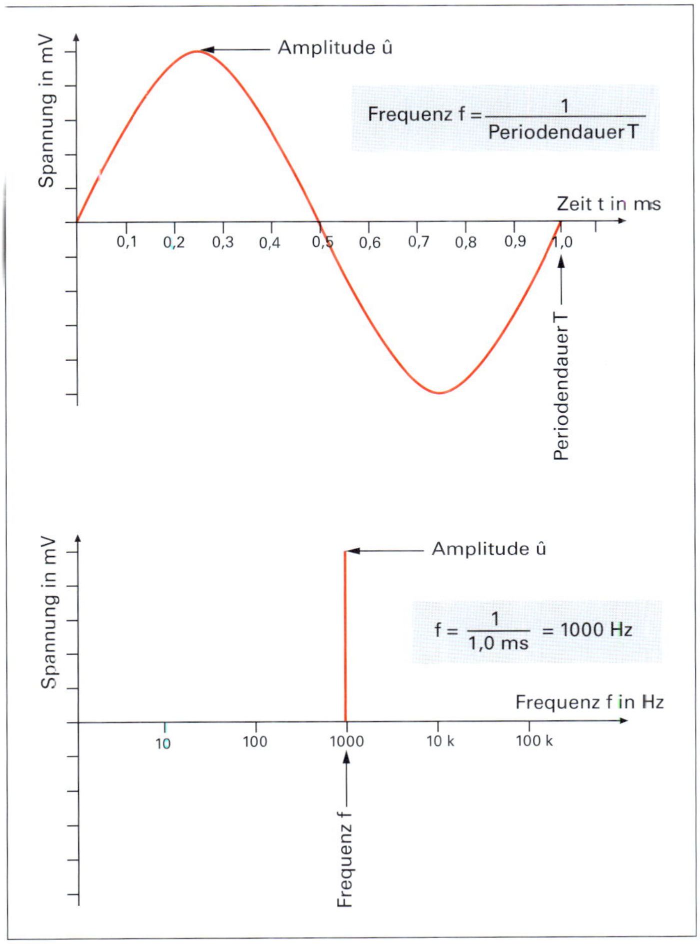

Zeit- und Frequenzverhalten eines Tones
Ein Ton besteht aus einer sinusförmigen Schwingung. Seine Frequenz bestimmt die Tonhöhe, seine Amplitude die Tonstärke.

Amplitude
Die maximale Höhe einer Schwingung wird als Amplitude û (sprich: u Dach) bezeichnet. Sie repräsentiert die Tonstärke, das heißt, je größer die Amplitude eines Tones ist, desto lauter wird er gehört. Je geringer die Amplitude ist, umso leiser hören wir den Ton.

Wie im nächsten Abschnitt besprochen, besteht zwischen Amplitude und Hörempfinden *kein* linearer Zusammenhang. Doppelte Amplitude heißt also nicht doppelt so laut.

1.2.2 Pegel

Unser Ohr besitzt die geniale Eigenschaft, Schallleistungen über einen sehr großen Amplitudenbereich wahrnehmen zu können. Das *Weber-Fechner-Gesetz* sagt aus, dass wir den Lautstärkeunterschied zwischen einer und zwei Mücken subjektiv ebenso stark empfinden wie den Lautstärkeunterschied zwischen ein und zwei Düsenjets.

Mathematisch heißt dies, dass unser Ohr nicht linear, sondern logarithmisch funktioniert. Betrachten Sie hierzu die logarithmische Skala: Durch die logarithmische Teilung kann ein viel größerer Zahlenbereich dargestellt werden als durch eine lineare Skala. Der große Bereich von sehr leise bis sehr laut kann deshalb nur mit einer logarithmischen Achsenteilung dargestellt werden, mit einer linearen Skala nicht. Die logarithmische Achsenteilung wird in der Audiotechnik als *Pegel a* bezeichnet. Pegel werden in der Einheit Dezibel [dB] angegeben:

Logarithmischer Pegel π

$$a = 20 \log \frac{\hat{u}}{\hat{u}_0} \text{ [dB]}$$

a: Pegel in dB (Dezibel)
$\hat{u}$: Amplitude
$\hat{u}_0$: konstanter Bezugswert

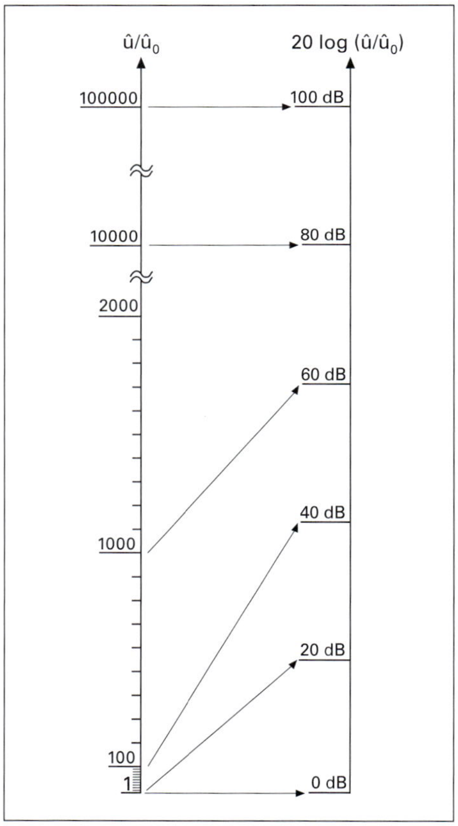

Lineare und logarithmische Skala
Mit Hilfe der logarithmischen Achsenteilung (rechts) können sehr große Zahlenbereiche darstellen. Sie wird für Pegelanzeigen (kleiner Screenshot rechts) in der Audiotechnik genutzt.

Die Verwendung eines Bezugswertes $\hat{u}_0$ ist ein „Trick", um nicht mit Spannungen rechnen zu müssen. Wir berechnen den Pegel bei Halbierung der Amplitude:

$$\begin{aligned} \hat{u} &= 0{,}5 \cdot \hat{u}_0 \\ \hat{u}/\hat{u}_0 &= 0{,}5 \\ a &= 20 \cdot \log(0{,}5) \\ a &= -6\,\text{dB} \end{aligned}$$

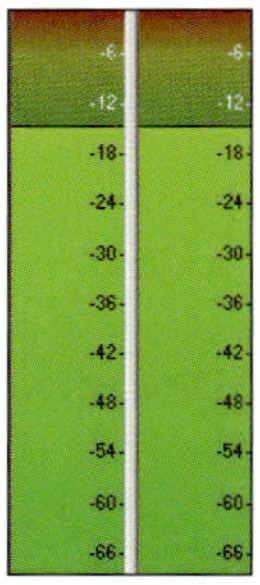

Bei Halbierung der Amplitude sinkt der Pegel also um 6 dB. Wird die Amplitude auf ein Viertel reduziert, nimmt der Pegel um 12 dB ab. Auf Pegelanzeigen an Verstärkern, Mischpulten oder in Audiosoftware sind aus diesem Grund häufig negative Zahlen zu finden.
Um physikalisch korrekt zu sein: Der Pegel stimmt nicht exakt mit der Lautstärke überein. Auch diese wird logarithmisch angegeben, stellt aber ein Maß für die *subjektive* Schallempfindung dar und besitzt die Einheit [Phon].

1.2.3 Vom Ton zum Klang

Wie bereits erwähnt, kommen sinusförmige Töne in der Natur nicht vor und klingen deshalb künstlich. Wie wird nun ein Ton zum Klang, den wir von Musikinstrumenten oder Stimmen kennen?

Ein Klang entsteht dadurch, dass einem Grundton mit fester Frequenz f weitere sinusförmige Schwingungen – sogenannte Obertöne – überlagert werden. Der Klang ergibt sich durch Addition sämtlicher Frequenzen (siehe rote Kurve im Diagramm).

Sind die Frequenzen der Obertöne ganzzahlige Vielfache, z. B. $2 \cdot f$, $3 \cdot f$, $4 \cdot f$, der Frequenz des Grundtones, spricht man von einem *harmonischen Klang*. Die Amplituden der Obertöne nehmen hierbei mit zunehmender Frequenz immer weiter ab.

Musikinstrumente und auch menschliche Stimmen besitzen charakteristische Obertonreihen. Man spricht in diesem Zusammenhang auch von der *Klangfarbe* des Instruments oder der Stimme. Der Screenshot zeigt die Obertonreihe eines Klaviers:

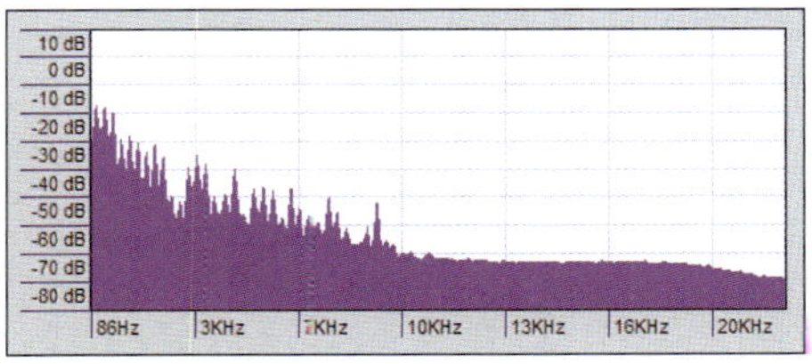

Frequenzspektrum eines Klaviers

Wir Menschen können Klangfarben sehr gut unterscheiden. So genügt selbst die schlechte Klangqualität des Telefons, um die Stimme des Gesprächspartners zu erkennen. Menschen mit sehr gutem Gehör können Obertöne bis zu 200 kHz in Klängen identifizieren. Einzelne Töne hören wir nur bis maximal 20 kHz.

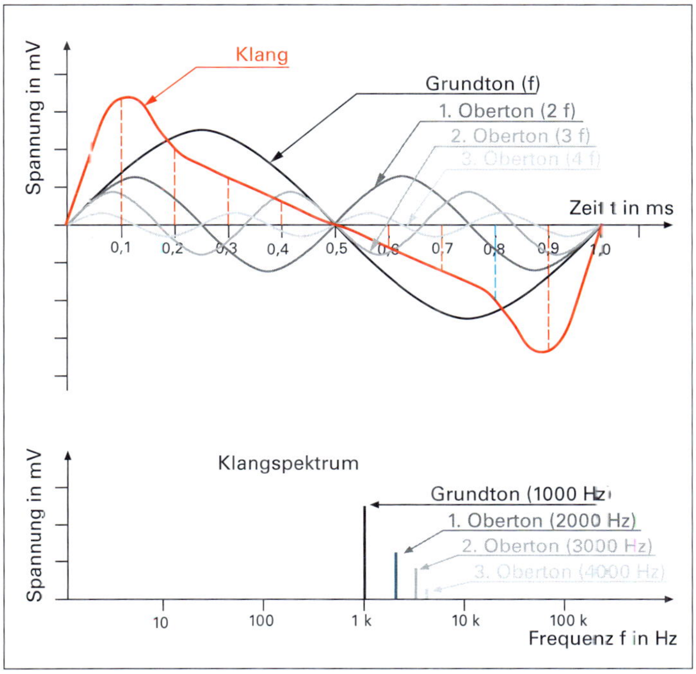

Zeit- und Frequenzverhalten eines (einfachen) Klanges

Die rote Kurve ergibt sich durch Addition der vier Töne zu jedem Zeitpunkt. Natürliche Klänge (Stimmen, Instrumente) besitzen komplexe Obertonreihen und verleihen dem Klang hierdurch seine charakteristische Klangfarbe.

Auch *Geräusche* wie beispielsweise plätscherndes Wasser, Schritte oder das Knallen einer Tür entstehen durch die Überlagerung sinusförmiger Töne. Der Unterschied zum Klang besteht darin, dass es sich dabei um Frequenzgemische ohne Ordnung handelt.

Ein Geräusch, bei dem alle Frequenzen dieselbe Amplitude haben, wird als *Weißes Rauschen* bezeichnet. Es dient in der Audiotechnik zur Untersuchung der Qualität von Audiokomponenten wie Verstärker oder Mikrofone.

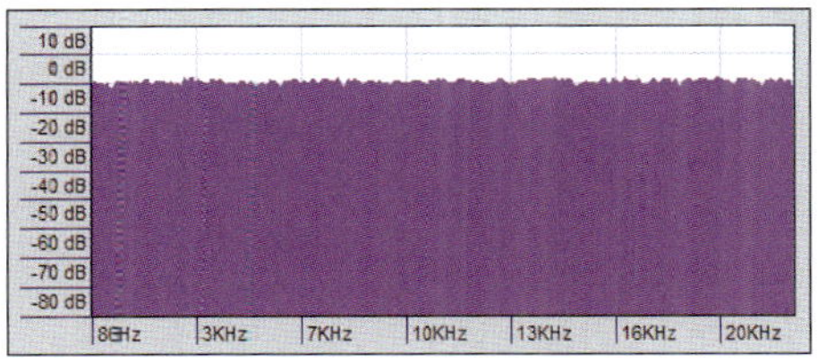

Frequenzspektrum des Weißen Rauschens

1.3 Digitale Audiotechnik

1.3.1 Analog- versus Digitaltechnik

Von der Schallplatte zum iPod

Mit Einführung des iPods 2001 war das Ende der Musik auf sich drehenden Scheiben (Schallplatte, CD) besiegelt.

Vor über dreißig Jahren hat die Digitalisierung im Audiobereich ihren Siegeszug angetreten. Bevor die CD-ROM im Computer eingesetzt wurde, erschien Anfang der 80er Jahre die Audio-CD mit zugehörigem CD-Player auf dem Markt. Innerhalb kurzer Zeit wurden Schallplatten und Musikkassetten weitgehend vom Markt verdrängt, der Verkauf von CDs hat der Musikindustrie einen Milliardenumsatz beschert. Heute sind es Streamingdienste wie Spotify, die eine ernst zu nehmende Konkurrenz zur Audio-CD geworden sind. Die Entwicklung geeigneter Verfahren zur Datenreduktion – allen voran MP3 – hat die Speicherung und Übertragung von Musikaufnahmen in hoher Qualität möglich gemacht.

Durch die Entwicklung von hochwertigen Soundkarten wurde die digitale Aufzeichnung von Sound am PC oder Mac ermöglicht und die analogen Aufnahmen auf Tonbänder komplett abgelöst. Bei diesem HD- oder Hard-Disc-Recording wird der vom Mischpult gelieferte Sound direkt auf einer Festplatte (Hard Disc) oder Speicherkarte gespeichert.

Für die spätere Nachbearbeitung ist es erforderlich, die einzelnen Bestandteile einer Aufnahme, z. B. Stimme, Schlagzeug, Leadgitarre, Bassgitarre, auf separaten Spuren aufzuzeichnen. Hierdurch ergibt sich der Vorteil, dass in der Audiosoftware im Anschluss jede Spur unabhängig von der restlichen Aufnahme individuell verändert und die Gesamtaufnahme auf diese Weise abgemischt werden kann (siehe Seite 30).

Digitale Aufnahmen sind der früheren Analogtechnik aus technischer Sicht haushoch überlegen. Dennoch gibt es immer noch viele Menschen, die den warmen und brillanten Klang einer Schallplatte jeder CD vorziehen, selbst wenn jeder kleine Kratzer auf der Platte hörbar ist. Dies liegt nicht nur an subjektiven nostalgischen Gefühlen, sondern auch daran, dass durch die Digitalisierung zwangsläufig alle Obertöne ab einer gewissen Frequenz verloren gehen. Da Obertöne, wie im vorherigen Abschnitt beschrieben, weit über die Hörgrenze hinaus in einem Klang hörbar sind, verändern die fehlenden Frequenzen das Klangbild tatsächlich. Kommt also demnächst der iPlattenspieler?

1.3.2 Digitalisierung

Wir wollen Sie an dieser Stelle nicht mit technischen Details plagen. Um eine Audiosoftware bedienen zu können, brauchen Sie jedoch ein Grundwissen über die einzustellenden Kennwerte.

Ob Musikinstrument, Stimme oder Geräusch – bei jedem Sound handelt es sich um ein analoges Signal, das zur Verarbeitung mit dem Computer digitalisiert werden muss. Diese sogenannte Analog-digital-Wandlung wird durch den Soundchip im Computer erledigt und erfolgt in zwei Schritten:

1. Messen des Signals in regelmäßigen Abständen (Abtastung)
2. Umwandlung der Messwerte in binäre Daten (Quantisierung)

Abtastfrequenz (Samplingrate)
Im ersten Schritt muss das analoge Signal in regelmäßigen Abständen gemessen werden. Dieser Vorgang wird als *Abtastung (Sampling)* bezeichnet. Die Frequenz, mit der das analoge Signal abgetastet wird, heißt demzufolge *Abtastfrequenz*. Wie hoch die Abtastfrequenz gewählt werden muss?

Eine Antwort darauf gibt der Mathematiker Shannon mit dem nach ihm benannten Abtasttheorem: Die Abtastfrequenz f_A muss mindestens doppelt so hoch sein wie die maximal im Analogsignal vorkommende Signalfrequenz f_{Smax}.

Shannon-Abtasttheorem π

$$f_A \geq = 2 \cdot f_{Smax}$$

f_A: Abtastfrequenz [Hz]
f_{Smax}: Höchste Frequenz im Audiosignal

Der Hörbereich des Menschen endet bei etwa 20.000 Hz (20 kHz). Zur Abtastung einer Frequenz von 20 kHz muss die Abtastfrequenz (Samplingrate) mindestens doppelt so hoch, also 40 kHz, gewählt werden. Technische Abtastfrequenzen sind:

- 192 kHz sehr hohe Qualität, Studioeinsatz
- 96 kHz hohe Qualität, Studioeinsatz
- 48 kHz hohe Qualität, MP3
- 44,1 kHz Audio-CD

Eine Abtastung mit zu geringer Abtastfrequenz führt zum sogenannten *Aliasing-Fehler*. Dieser macht sich beim Abhören dadurch bemerkbar, dass der Sound an Brillanz und Klarheit verliert und dumpfer klingt. Sie verstehen nun, dass Audio-CDs *immer* eine schlechtere Qualität haben als das analoge Original. Als Gegenmaßnahme des Aliasing-Fehlers kommen wie im Bildbereich Anti-Aliasing-Filter zum Einsatz. Dennoch gibt es wie erwähnt auch heute noch Puristen, die aus Gründen der besseren Klangqualität und des wärmeren Klanges auf Schallplatten zurückgreifen.

Abtasttiefe (Auflösung)
Nach der Abtastung muss das immer noch analoge Abtastsignal im zweiten Schritt digitalisiert und als Binärzahl abgespeichert werden. Dieser Schritt ist vergleichbar mit dem Abspeichern einer Farbe als binäre Zahl. Während dieser Kennwert bei Farben als Farb- oder Datentiefe bezeichnet wird, sprechen wir bei Sound (und Video) von *Abtasttiefe*. (Leider wird oft auch der mehrdeutige Begriff Auflösung verwendet.)

Da die binären Zahlen auf Festplatte oder Speicherkarte gespeichert werden, gibt man die Abtasttiefe sinnvollerweise in der Speichereinheit Bit an. Dabei gilt der Zusammenhang, dass mit n Bit 2^n unterschiedliche Werte gespeichert werden können. Bei einer Datenmenge von 8 Bit (= 1 Byte) sind demnach $2^8 = 256$ Werte möglich, bei 16 Bit sind es bereits 216 = 65.536 Werte.

Je höher die Abtasttiefe gewählt wird, umso besser ist die Qualität des digitalisierten Sounds. Allerdings sind bereits zwischen 24 und 32 Bit keine Unterschiede mehr hörbar, so dass noch höhere Werte nicht erforderlich sind. In der Audiotechnik spielen folgende Abtasttiefen eine Rolle:

- 32 Bit sehr hohe Qualität, Studioeinsatz
- 24 Bit hohe Qualität, Studioeinsatz
- 16 Bit hohe Qualität, MP3, Audio-CD

Shannon oder Nyquist?
In der Literatur wird das für die digitale Signalverarbeitung sehr wichtige Abtasttheorem auch oft in Verbindung mit dem Physiker Nyquist genannt.

Kanäle
Der dritte Kennwert, den Sie bei der Erstellung digitalen Sounds wählen müssen, ist die gewünschte Anzahl an Kanälen. Heutige Hardware ist so leistungsfähig, dass Sie mehrere Kanäle parallel aufzeichnen können. Je mehr Kanäle Sie verwenden, umso besser lässt sich ein Raumklang erzeugen. Dieser spielt insbesondere eine Rolle, wenn Video nachvertont werden soll.
Typische Werte sind:

- Mono kein Raumklang (1 Kanal)
- Stereo Raumklang durch linken und rechten Kanal
- 5.1 Raumklang durch 5 Kanäle und einen (Subwoofer-) Kanal für sehr tiefe Töne

1.3.3 Audiodaten

Wie viel Sound passt auf eine Audio-CD? Wie groß darf der Datenstrom sein, damit ein Sound via Internet übertragbar ist?

Berechnung der Datenmenge
Drei der vier Parameter zur Berechnung der Datenmenge haben Sie im letzten Abschnitt bereits kennengelernt.

- Abtastfrequenz f_A
- Abtasttiefe A
- Kanalanzahl K

Als vierter Parameter kommt die Aufnahmezeit t hinzu und alle vier Werte müssen multipliziert werden.

Datenmenge (unkomprimiert) π

$$D_A = f_A \cdot A \cdot K \cdot t \quad [\text{Bit}]$$

f_A: Abtastfrequenz [Hz] = [1/s]
A: Abtasttiefe [Bit]
K: Kanäle (Zahl ohne Einheit)
t: Zeit [s]

Beispielrechnung
Eine einminütige Aufnahme in CD-Qualität (16 Bit, 44.100 Hz, Stereo) ergibt folgende Datenmenge:

$$\begin{aligned} D_A &= 44.100\,\text{Hz} \cdot 16\,\text{Bit} \cdot 2 \cdot 60\ \text{s} \\ &= 84.672.000\ \text{Bit} & |:8 \\ &= 10.584.000\ \text{Byte} & |:1.024 \\ &= 10.336\ \text{KB} & |:1.024 \\ &= 10{,}1\ \text{MB} \end{aligned}$$

Auf eine Audio-CD mit 700 MB passen also etwa 70 Minuten Sound.

Berechnung der Datenrate (Bitrate)
Wenn Sie einen Sound via Internet übertragen wollen, z. B. um ihn auf einer Website abzuspielen, dann ist die absolute Datenmenge unwichtig. Für diesen Zweck interessiert uns die sogenannte *Daten- oder Bitrate*.

Die *Datenrate* gibt die Datenmenge an, die *pro Sekunde* anfällt. Sie besitzt die Einheit [Bit/s] oder [bps] (bit per second).

Datenrate (unkomprimiert) π

$$d_A = f_A \cdot A \cdot K \quad [\text{Bit}]$$

f_A: Abtastfrequenz [Hz] = [1/s]
A: Abtasttiefe [Bit]
K: Kanäle (Zahl ohne Einheit)

Beispielrechnung
Wir berechnen die Datenrate einer Audio-CD:

$$\begin{aligned} d_A &= 44.100\,\text{Hz} \cdot 16\ \text{Bit} \cdot 2 \\ &= 1.411.200\ \text{Bit/s} & |:1.000 \\ &= 1.411{,}2\ \text{kBit/s} & |:1.000 \\ &= 1{,}4\ \text{MBit/s} \end{aligned}$$

Als aufmerksame(r) Leser(in) ist Ihnen aufgefallen, dass wir die Vielfachen „K“

(Kilo) und „M“ (Mega) bei der Berechnung von Datenmenge und Datenrate unterschiedlich verwendet haben. Leider ist es tatsächlich so, dass bei Datenmengen üblicherweise mit Faktor 1.024 und bei Datenraten mit Faktor 1.000 gerechnet wird.

Um eine Audio-CD via Internet abspielen zu können, muss die Datenrate der Internetverbindung (deutlich) höher sein als die Datenrate des Sounds. Ist dies nicht der Fall, dann wird der Sound beim Abspielen immer wieder stoppen, bis die Daten nachgeladen wurden.

Da Internetzugänge mit 2 MBit/s oder höher auch in Deutschland noch nicht flächendeckend vorhanden sind und insbesondere im Bereich des mobilen Internets via Smartphone oft nur geringe Bitraten zur Verfügung stehen, ist eine deutliche Reduktion der Datenmenge bzw. -rate erforderlich.

1.3.4 Audioformate

Zur Bearbeitung von Sound gilt – wie bei der Bildbearbeitung auch –, dass dieser unkomprimiert in einer möglichst hohen Qualität vorliegen sollte. Eine eventuell notwendige Kompression sollte immer erst beim Exportieren in das gewünschte Endformat erfolgen. Bei der Auswahl eines Dateiformats bzw. der Datenrate muss dabei ein Kompromiss zwischen einer noch akzeptablen Soundqualität und maximal zulässiger Datenmenge bzw. -rate gefunden werden.

Grundsätzlich gibt es drei Möglichkeiten, Audiodaten abzuspeichern:

- unkomprimiert, ohne Qualitätsverlust (WAV, AIFF)
- verlustfrei komprimiert, ohne Qualitätsverlust (FLAC, Apple Lossless)
- verlustbehaftet komprimiert, mit Qualitätsverlust (MP3, AAC, WMA, OGG)

Wave (.wav)
Das ursprünglich aus der Windows-Welt stammende WAV-Format dient mittlerweile als plattformübergreifendes Standardformat für Windows und Mac. WAV speichert die Audiodaten unkomprimiert und damit ohne Qualitätsverlust ab. Für WAV-Dateien in Audio-CD-Qualität ergibt sich damit – wie im vorherigen Abschnitt berechnet – eine Datenrate von etwa 1,4 MBit/s. Dieser Wert stellt für das Abspielen mit einem CD-Player kein Problem dar. Für die Übertragung via Internet ist diese Datenrate jedoch deutlich zu hoch.

Audio Interchange File Format (.aif)
Das AIF(F)-Format war – wie der Name sagt – von Anfang an für den Austausch von Sounddaten zwischen unterschiedlichen Computerplattformen und Programmen gedacht. Es ist heute ein vor allem auf Apple-Rechnern häufig verwendetes Format.

AIF(F) speichert die Sounddaten ohne Kompression und damit verlustfrei ab. Die Datenmenge bzw. -rate entspricht daher bei gleichen Parametern der Datenmenge von WAV-Sounds.

Free Lossless Audio Codec (.flac)
Im Unterschied zu Bildern können im Bereich der verlustfreien Datenkompression nur eingeschränkt Daten reduziert werden. Dies liegt daran, dass ein Audiosignal eine scheinbar zufällige Struktur besitzt. Sich wiederholende Muster wie bei Bildern gibt es nicht.

Wie der Name sagt, handelt es sich bei FLAC um ein freies (Open-Source-) Format, das sowohl am Mac als auch unter Windows eingesetzt werden kann. FLAC komprimiert die Audiodaten verlustfrei auf etwa 50 %. Für das Format gibt es zwar nicht sonderlich viele Abspielmöglichkeiten, zur Archivierung großer Datenmengen kann es aber durchaus herangezogen werden.

Apple Lossless (.mp4)
Das ebenfalls frei verfügbare, von Apple entwickelte Format komprimiert verlustfrei auf ca. 60 % der Originalgröße und speichert die Dateien mit der Dateiendung .mp4 ab. Die Sounddateien lassen sich mit Apple-Hardware (iPod, iPhone, Mac) abspielen.

MP3 (.mp3)
Bei MP3 handelte es sich ursprünglich um den Audioanteil des MPEG-Kompressionsverfahrens für Videos, das von der Fraunhofer-Gesellschaft entwickelt wurde. Der Algorithmus war derart erfolgreich, dass er sich zum Standardformat der Musikbranche etablieren konnte. Dies gilt bis heute, obwohl es mittlerweile bessere Formate gibt.

Maskierung
Die grundlegende Idee bei der verlustbehafteten Kompression von Sounddaten ist einfach: Das Ticken eines Weckers wird so lange gehört, bis der Wecker klingelt. Das lautere Geräusch des Klingelns „maskiert" die Frequenzen des Tick-Geräusches. Daraus folgt: Alle Anteile eines Sounds, die wegen dieser *Maskierung* ohnehin nicht wahrgenommen werden, können bei der Kompression entfernt werden.

Was in der Theorie einfach klingt, erweist sich in der Praxis als sehr komplex: Nur durch umfangreiche Testreihen konnte ermittelt werden, welche Frequenzen durch unser Gehirn beim Hörvorgang maskiert werden. Aus den Testergebnissen wurde ein sogenanntes *psychoakustisches Modell* gebildet. Dieses Modell simuliert das menschliche Gehör.

Datenrate
Wenn Sie einen Sound als MP3 exportieren, haben Sie die Möglichkeit, die Datenrate zu wählen. Je höher die Datenrate ist, umso besser wird die Qualität des Sounds. Zusätzlich können Sie wählen, ob die Datenrate konstant bleiben oder variabel sein soll:

- Bei CBR (Constant Bit Rate) **A** bleibt der Datenstrom immer gleich, was für die Übertragung vorteilhaft ist. Da sich das Musiksignal aber ständig ändert, wirkt sich eine feste Datenrate nachteilig auf die Qualität aus. Wie unten zu sehen ist, können Sie die Datenrate (bei Adobe Audition) zwischen 16 und 320 kBit/s wählen. Für Musik sollten es jedoch *192 kBit/s* sein, damit die Qualitätsverluste nicht oder kaum hörbar sind.

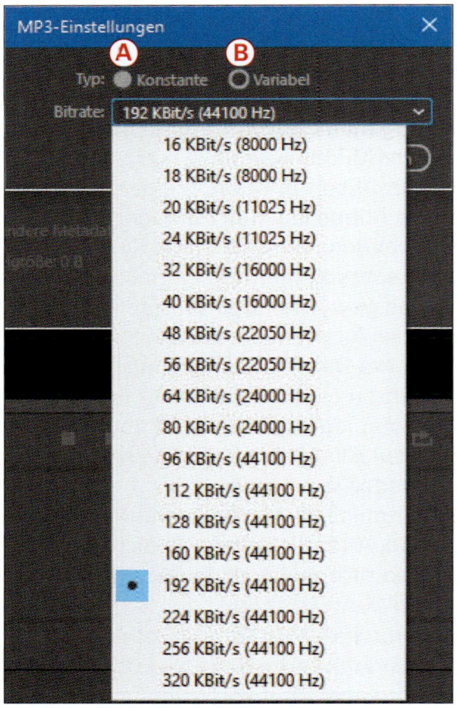

MP3-Setting

- Bei VBR (Variable Bit Rate) **B** passt sich die Datenrate an das Audiosignal an. Hierdurch ergibt sich ein qualitativ besseres Ergebnis als bei CBR. Bei schlechter Internetanbindung kann es zu Übertragungsproblemen kommen.

MP3-Encoder
Die zum Erzeugen von MP3s notwendige Software, den sogenannten MP3-Encoder, gibt es in mehreren Versionen, die teilweise lizenzpflichtig sind.

Aus diesem Grund ist der MP3-Export mit der kostenlosen Audiosoftware *Audacity* zunächst nicht möglich. Auf der Website http://lame.sourceforge.net finden Sie jedoch den ebenfalls kostenfreien Encoder LAME, der sich nachträglich in Audacity einbinden lässt. (Die Anleitung hierzu finden Sie auf der Website.)

ID3-Tags
In MP3-Dateien lassen sich Zusatzinformationen, z. B. Interpret, Titel, Album, als sogenannte ID3-Tags abspeichern und im MP3-Player anzeigen.

Zur Wiedergabe von MP3-Dateien ist ein (kostenloser) Software-Player erforderlich. Beispiele hierfür sind der VLC Media Player, Windows Media Player oder iTunes von Apple.

Advanced Audio Coding (.aac)
Bei AAC wurde versucht, die Schwächen des MP3-Verfahrens zu korrigieren. Vor allem bei niedrigen Bitraten werden etwas bessere Ergebnisse erzielt als bei MP3. Weitere Merkmale sind die Möglichkeit des Kopierschutzes mittels DRM (Digital Rights Management) sowie die Unterstützung von Surround-Sound bis zu 48 Kanälen. Mittlerweile wird AAC von vielen MP3-Playern und Webradios unterstützt, so dass es mittelfristig zur Ablösung von MP3 kommen könnte.

Windows Media Audio (.wma)
WMA ist der Audioanteil der „Windows Media Technology", die auch die Kompression von Videos (WMV) ermöglicht und die zusammen mit dem Betriebssystem Windows geliefert wird.

WMA liefert wie AAC eine verbesserte Klangqualität bei niedrigen Datenraten, weshalb das Format für Internetanwendungen interessant ist.

Ogg Vorbis (.ogg)
Als Open-Source-Projekt ist Ogg Vorbis frei von Einschränkungen und DRM. Qualitativ kommt es an AAC heran, was das Format zu einer interessanten Alternative werden lässt.

Datenraten im Vergleich
Das Diagramm veranschaulicht, dass mit MP3 eine deutliche Reduktion der Datenrate möglich ist.

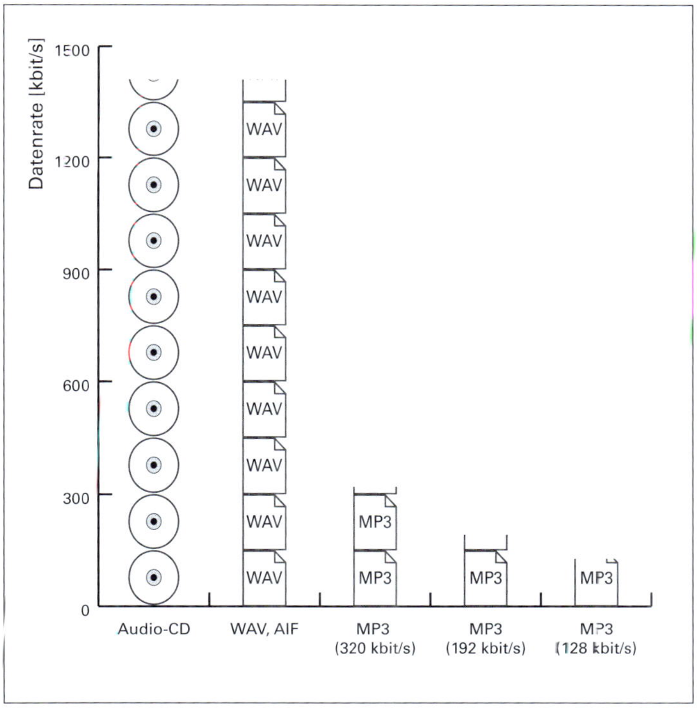

1.4 Aufgaben

1 Grundbegriffe der Audiotechnik kennen

Kreuzen Sie an: Wahr oder falsch?

Grundlagen der Audiotechnik	w	f
Die Frequenz ist ein Maß für die Höhe eines Tones.		
Der Hörbereich des Menschen liegt zwischen 20 Hz und 20 kHz.		
Der Frequenzbereich unterhalb von 20 Hz wird als Ultraschall bezeichnet.		
Ein hoher Ton besitzt eine niedere Frequenz, ein tiefer Ton eine hohe Frequenz.		
Die Amplitude einer Schwingung ist ein Maß für die Stärke des Tones.		
Unser Ohr bzw. Gehirn „arbeitet" logarithmisch.		
Klänge bestehen aus einem Grundton plus Obertönen.		
Obertöne über 20 kHz werden nicht wahrgenommen.		
Geräusche bestehen immer aus einem Frequenzgemisch.		
Die drei Gehörknöchel heißen Meisel, Amboss und Steigbügel.		

2 Ton, Klang, Geräusch unterscheiden

Definieren Sie die Begriffe:

a. Ton

b. Klang

c. Geräusch

3 Logarithmische Pegel verstehen

In der Audiotechnik wird mit logarithmischen Pegeln a gearbeitet:

$$a = 20 \log \frac{\hat{u}}{\hat{u}_0} \ [\text{dB}]$$

a. Begründen Sie, weshalb in der Audiotechnik logarithmische Pegel verwendet werden.

b. Berechnen Sie den Pegel für $\hat{u}/\hat{u}_0 = 10$

c. Berechnen Sie den Pegel für $\hat{u}/\hat{u}_0 = 0{,}01$

4 Shannon-Theorem kennen

a. Welche Aussage macht das Shannon-Theorem?

b. Wie hoch muss nach Shannon ein Audiosignal abgetastet werden, wenn der Hörbereich bei 20 kHz endet?

c. Weshalb ergibt sich bei Beachtung des Shannon-Theorems dennoch ein Qualitätsverlust?

5 Kennwerte digitalen Sounds verstehen

Bei der Digitalisierung von Sound spielen die Kennwerte Abtastfrequenz (Samplingrate) und Abtasttiefe (Auflösung) eine zentrale Rolle.

a. Wie ist die Abtastfrequenz definiert und welche Einheit besitzt sie?

Die Abtastfrequenz ist

Einheit:

b. Wie hoch muss die Abtastfrequenz nach dem Shannon-Theorem mindestens gewählt werden?

c. Wie ist die Abtasttiefe definiert und welche Einheit besitzt sie?

Die Abtasttiefe ist

Einheit:

d. Nennen Sie für beide Kennwerte jeweils zwei typische Werte.

Abtastfrequenz:

Abtasttiefe:

6 Datenmenge von Sound berechnen

Eine Musikaufnahme wird mit folgenden technischen Parametern digitalisiert:

- Abtastfrequenz: 44,1 kHz
- Abtasttiefe: 16 Bit
- Kanalzahl: 2 (Stereo)

a. Berechnen Sie die Datenmenge einer 30-minütigen Aufnahme in MB.

b. Der Sound wird als MP3 exportiert, dabei reduziert sich die Datenmenge um 85 %. Berechnen Sie die verbleibende Datenmenge in MB.

c. Die Internetanbindung beträgt 1 MBit/s. In der Praxis werden durchschnittlich nur 65 % dieses (Maximal-)Wertes erreicht. Berechnen Sie, ob der Sound über das Internet abgespielt werden kann.

7 Datenrate von Sound berechnen

Ein dreiminütiger MP3-Song besitzt eine Datenmenge von 3,8 MB (Megabyte).

a. Rechnen Sie die Datenmenge in Kilobyte, Byte und Bit um. (Hinweis: Rechnen Sie mit K = 1.024)

b. Berechnen Sie die Datenrate in kBit/s. (Rechnen Sie k = 1.000)

8 Audioformate kennen

Nennen Sie jeweils zwei Audioformate, um

a. Sound unkomprimiert und ohne Qualitätsverlust zu speichern.

1.

2.

b. Sound verlustfrei komprimiert und ohne Qualitätsverlust zu speichern.

1.

2.

c. Sound komprimiert und mit Qualitätsverlust zu speichern.

1.

2.

9 MP3 kennen

a. Erklären Sie, wie die Datenkompression bei MP3 prinzipiell funktioniert.

b. Eine Audio-CD besitzt eine Datenrate von 1,4 MBit/s. Berechnen Sie die Datenreduktion in Prozent, wenn die Songs der CD als MP3s mit 192 kBit/s exportiert werden.

10 Sounddatei erstellen

Der Screenshot zeigt die Eingabemaske zur Erstellung einer neuen Audiodate .

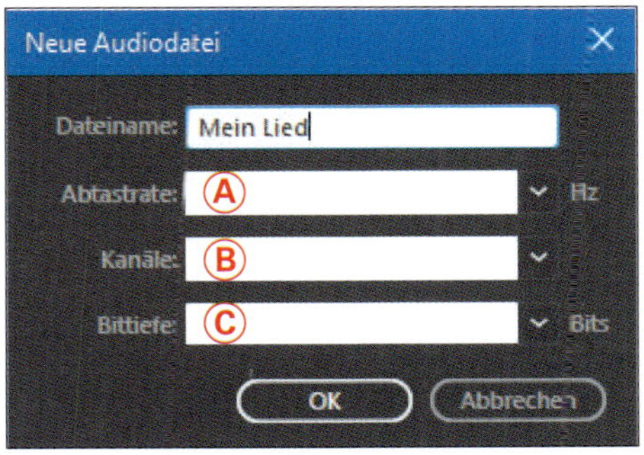

Welche Parameter müssen bei **A**, **B** und **C** gewählt werden, wenn die Parameter denen von Audio-CDs entsprechen sollen?

Abtastrate:

Kanäle:

Bittiefe (Abtasttiefe):

2.1 Equipment

Homerecording-Studio

Die Grafik zeigt die minimale Ausstattung, bei größeren Anlagen kommen zusätzlich ein Mischpult und Effektgeräte zum Einsatz.

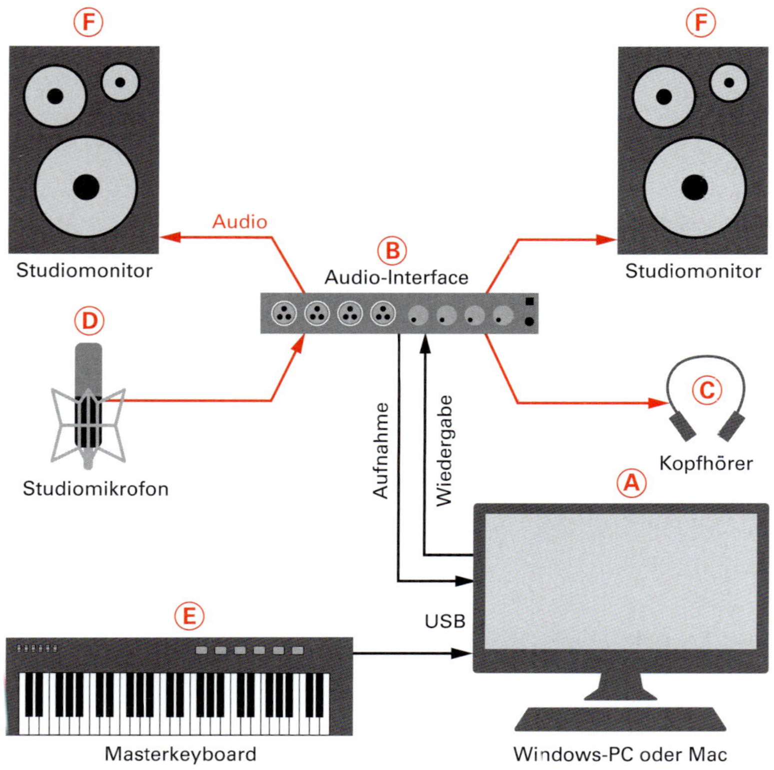

Seit das Internet zum „Mitmach-Web" (Web 2.0) geworden ist, kann sich jeder nach Wunsch als Podcaster, Youtuber oder Hobby-Regisseur betätigen. Durch schnellere Internetanbindungen wurde das Web multimedial und YouTube befindet sich nach Google und Facebook mittlerweile auf Platz 3 der meistbesuchten Webportale[1].

Auch wenn wir für professionelle Audioproduktionen nach wie vor den Gang in ein Tonstudio empfehlen, da nur dort das erforderliche Know-how und Equipment vorhanden ist, können Sie mit „kleinem Budget" gute Ergebnisse erzielen. In diesem Kapitel geht es also nicht um professionelle Musikproduktion, sondern um die Möglichkeiten, die sich beim Homerecording bieten.

2.1.1 Homerecording-Studio

Die Grafik oben zeigt die Grundausstattung eines einfachen Homerecording-Studios zur Aufnahme von Gesang, Sprache oder einzelner Instrumente.

- Herzstück der Anlage ist der *Computer* **A**, wobei es sich um einen Windows-PC oder um einen Mac handeln kann. Aufgrund der relativ hohen Datenmengen und des damit

1 Quelle: https://www.similarweb.com/top-websites (Stand: 01|2018)

P. Bühler, P. Schlaich, D. Sinner, *AV-Medien*, Bibliothek der Mediengestaltung,
https://doi.org/10.1007/978-3-662-54605-5_2

verbundenen Rechenaufwands sollte er einen leistungsstarken Prozessor (z. B. i5 oder i7) haben und mit ausreichend Arbeitsspeicher (z. B. 8 GB) ausgestattet sein. Der eingebaute Soundchip spielt jedoch keine Rolle, da zur Aufnahme auf jeden Fall ein separates Audio-Interface eingesetzt werden sollte. Auf die DAW-Software gehen wir ab Seite 22 ein.

- Das *Audio-Interface* **B** besitzt einen oder mehrere Eingänge zum Anschluss des Mikrofons und/oder Musikinstruments. Ausgangsseitig werden am Audio-Interface Abhörmonitore sowie ein Kopfhörer angeschlossen. Die zentrale Aufgabe des Audio-Interface ist die Umwandlung des vom Mikrofon kommenden analogen Musiksignals (rote Linien) in ein binäres Signal (schwarze Linie) zur Weiterverarbeitung durch den Computer. Umgekehrt wandelt das Interface das vom Computer gelieferte digitale Signal in ein analoges Audiosignal zurück, damit es durch die Lautsprecher wiedergegeben werden kann.
- Ein *Kopfhörer* **C** ist erforderlich, falls die Aufnahme zu einem bereits vorhandenen Sound gemacht wird, der dann während der Aufnahme abgespielt wird (Playback).
- *Mikrofone* **D** sind eine Wissenschaft für sich – wir gehen im nächsten Abschnitt kurz auf die Auswahl eines geeigneten Mikrofons ein. Sinnvoll ist jedoch in jedem Fall, sich vom Musikhändler beraten zu lassen.
- Ein *Masterkeyboard* **E** ist erforderlich, um eigene Tonspuren in den Computer einzuspielen. Die hierfür zuständige Schnittstelle heißt MIDI (Musical Instrument Digital Interface), auf die wir allerdings im Rahmen dieser kurzen Abhandlung nicht eingehen.
- Als *Studiomonitore* **F** kommen in der Regel sogenannte *aktive* Lautsprecher zum Einsatz. Diese besitzen einen integrierten Verstärker und können deshalb direkt an das Audio-Interface angeschlossen werden. Auf diese Weise kann auf eine Endstufe (Power Amplifier, PA) verzichtet werden.

2.1.2 Audio-Interface

Ein wesentlicher Unterschied zwischen einem professionellen Tonstudio und dem hier beschriebenen Homerecording-Studio besteht darin, dass sich in jedem Tonstudio ein großes Mischpult befindet, an das sich parallel etliche Mikrofone und Musikinstrumente anschließen lassen. Hierdurch wird es möglich, dass eine Band gleichzeitig spielt und jedes einzelne Instrument separat aufgezeichnet werden kann.

In einem kleinen Homerecording-Studio werden Sie – auch aus Kostengründen – auf ein Mischpult verzichten und ein einfacheres Audio-Interface einsetzen, da Sie mit deutlich weniger Mikrofonen oder Musikinstrumenten arbeiten. Bei größeren Arrangements können Sie die Aufnahmen der einzelnen Stimmen oder Instrumente notfalls nacheinander vornehmen.

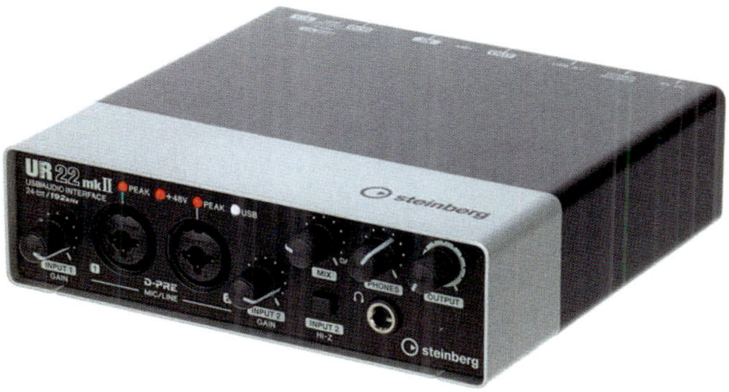

Audio-Interface
Modell: Steinberg UR22 MK2

Richtcharakteristik

Die Richtcharakteristik gibt die räumliche Empfindlichkeit eines Mikrofons an. Sie stellt ein wichtiges Kriterium für die Einsatzmöglichkeiten des Mikrofons dar.

Links sehen Sie ein Mikrofon mit Kugel-Charakteristik, rechts ein Mikrofon mit Nieren-Charakteristik.

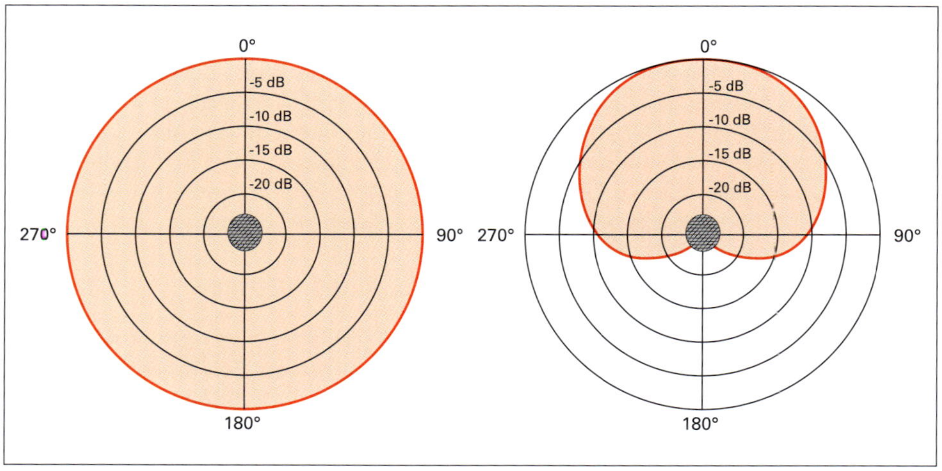

Audio-Interfaces gibt es bereits ab 100 Euro. Im Unterschied zu einfachen Soundchips, wie sie in jedem Computer oder Smartphone stecken, besitzen Audio-Interfaces hochwertige und schnelle Analog-digital-Wandler zur Erzeugung des digitalen Datenstroms in Echtzeit, ohne dass es zu einer zeitlichen Verzögerung (Latenzzeit) kommt.

Die technischen Merkmale eines Audio-Interface sind:

- Anzahl analoger Eingänge für Mikrofone mit Vorverstärker (Preamp)
- Anzahl analoger Eingänge für Musikinstrumente
- Anzahl analoger Ausgänge für Abhörmonitore
- Regelbarer Kopfhöreranschluss
- Phantomspannung für Kondensator-Mikrofone (siehe nächster Abschnitt)
- Schnittstelle zum Computer, in der Regel USB 2.0 oder 3.0
- Maximale Abtastfrequenz und Abtasttiefe: Für Homerecording ist eine Abtastfrequenz von 44,1 kHz und eine Abtasttiefe von 24 Bit empfehlenswert.
- Evtl. digitale Ein- und Ausgänge
- Evtl. MIDI-Eingang und -Ausgang

2.1.3 Studiomikrofone

Mikrofone werden auch als elektroakustische Wandler bezeichnet. Funktionell sind sie mit unserem Ohr vergleichbar, da sie ebenfalls zur Umsetzung von mechanischen Luftschwingungen in elektrische Signale dienen. Qualität hat dabei ihren Preis: Für ein High-End-Mikrofon müssen Sie mehrere Tausend Euro veranschlagen.
Dennoch gibt es auch gute Mikrofone in der Preislage um 100 Euro.

Im Studio kommen vorwiegend *Kondensator-Mikrofone* zum Einsatz, während auf der Bühne robustere und preisgünstigere *dynamische Mikrofone* eingesetzt werden. Der Nachteil von Kondensator-Mikrofonen besteht darin, dass sie mit einer

Kondensator-Mikrofon

Modell: Rode NT1-A Complete Vocal Recording

Spannung versorgt werden müssen. Diese sogenannte Phantomspannung muss vom Audio-Interface bereitgestellt werden.

Ein weiteres Merkmal eines Mikrofons ist seine *Richtcharakteristik* (siehe Grafik): Sie definiert seine Empfindlichkeit in Abhängigkeit vom Einfallswinkel des Schalls. So nimmt beispielsweise ein Mikrofon mit Kugel-Charakteristik den Schall aus allen Richtungen gleich gut auf, während bei Nieren-Charakteristik eine deutliche Winkelabhängigkeit besteht. Die Grafiken zeigen die hierfür typischen Diagramme. Bei besseren Mikrofonen können Sie die gewünschte Richtcharakteristik wählen.

Weitere Qualitätskriterien eines Mikrofons sind ein möglichst linearer Frequenzgang und eine hohe Eingangsempfindlichkeit.

Mikrofone liefern grundsätzlich sehr schwache Signale, die in jedem Fall vorverstärkt werden müssen. Die klanglich besten Ergebnisse liefern spezielle Mikrofon-Vorverstärker (Preamps).

2.1.4 Studiomonitore

Das letzte Kettenglied der Soundproduktion bilden die Lautsprecher, im Fachbegriff als Monitore bezeichnet. Für Studiomonitore gilt das eingangs über Mikrofone Gesagte: Qualität hat ihren Preis. Sehr gute Lautsprecher sind auch sehr teuer!

Lautsprecher dienen zur Umwandlung des elektrischen Signals in mechanische Schallwellen, besitzen also das umgekehrte Funktionsprinzip eines Mikrofons. Die Schallwellen werden durch eine Membran erzeugt, die in Schwingung versetzt wird. Für die Erzeugung tiefer Frequenzen (Tieftöner) muss diese Membran einen größeren Durchmesser besitzen als bei mittleren (Mitteltöner) und hohen Frequenzen (Hochtöner). Für sehr tiefe Frequenzen bis etwa 100 Hz werden sogenannte Subwoofer verwendet.

Studiomonitore

Modell: Swissonic ASM5

Für das Studio kommen sogenannte Nahfeld-Monitore zum Einsatz. Diese werden in unmittelbarer Nähe zum Hörer platziert, damit dieser ausschließlich den Schall hört, der direkt aus dem Monitor kommt. Schallreflexionen von der Decke und den Wänden sollen auf diese Weise möglichst nicht wahrgenommen werden.

Für Studiomonitore sollte sinnvollerweise auf *aktive* Lautsprecher zurückgegriffen werden, da die Verstärkung in den Monitoren selbst erfolgt. Der Vorteil ist, dass dann auf eine Endstufe (PA) verzichtet werden kann. Je weniger Kabel, Stecker und Geräte Sie in Ihrem Workflow haben, umso besser ist es. Außerdem benötigen Endstufen Lüfter, die eventuell zu Störgeräuschen führen könnten.

Analoge Steckverbindungen

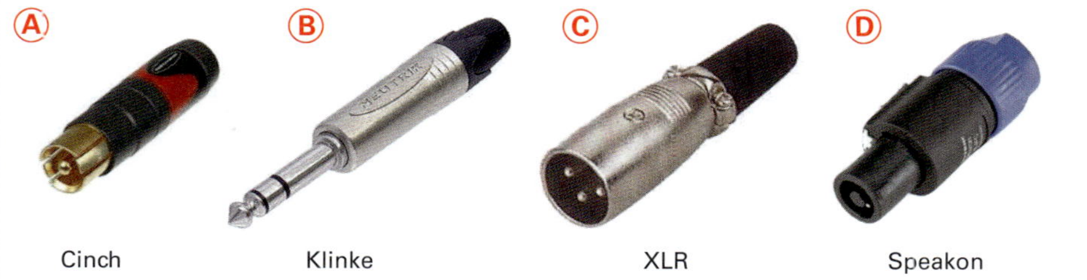

2.1.5 Kabel und Stecker

Um die einzelnen Komponenten Ihres Homerecording-Studios miteinander zu verbinden, benötigen Sie Kabel. Hierbei ist es empfehlenswert, ein paar Euro mehr zu investieren und qualitativ gute Kabel zu erwerben. Andernfalls ärgern Sie sich womöglich über Brumm- oder sonstige Störgeräusche, die möglicherweise auf ein mangelhaftes Kabel zurückzuführen sind. Im Audiobereich kommen vor allem vier unterschiedliche Steckverbindungen zum Einsatz:

- *Cinch-Stecker* **A** werden unter anderem dazu verwendet, um kleinere Lautsprecher anzuschließen. Dabei dient der rote Stecker für den rechten Kanal, der weiße Stecker für den linken Kanal und ggf. schwarze Stecker für einen Subwoofer.
- *Klinkenstecker* **B** dienen vor allem zum Anschluss elektrischer Instrumente wie E-Gitarre oder -Bass mit dem Audio-Interface. Auch Kopfhörer und Lautsprecher sind normalerweise mit Klinkenstecker bzw. -buchse ausgestattet.
- Mit *XLR-Steckern* **C** werden Mikrofone und Lautsprecher mit Mischpult oder Audio-Interface verbunden.
- Auch Speakon-Stecker **D** dienen zum Anschluss von Lautsprechern mit dem Mischpult oder Audio-Interface. Sie sind XLR und Klinke qualitativ überlegen.

2.1.6 Sprecherkabine

Die sprichwörtliche Ruhe gibt es noch nicht einmal auf dem Friedhof! Wenn Sie einmal die Augen schließen und sich ausschließlich aufs Hören konzentrieren, werden Sie feststellen, dass es praktisch nirgends komplett leise ist. Diese Ruhe ist aber für eine gute Aufnahme wichtig!

Abhilfe schafft, falls Sie entsprechenden Platz zur Verfügung haben, ein kleiner schalltoter Raum. Für eine derartige Sprecherkabine genügt eine Fläche von zwei bis vier Quadratmetern, die z. B. durch Holz- oder Gipskartonplatten vom restlichen Raum abgetrennt und mit einer Tür versehen wird. Die Tür sollte doppelwandig sein und gut abgedichtet werden. Um Sichtkontakt zwischen Sprecher und Tontechniker zu ermöglichen, befindet sich in der Vorderwand der Kabine ein aus zwei Glasscheiben bestehendes Fenster. Durch Schrägstellung sowie unterschiedlichem oberen und unteren Abstand der Scheiben voneinander verhindern Sie „stehende" Schallwellen zwischen den Scheiben und störende Spiegelungen.

Auch wenn kein Laut von außen in die Kabine dringt, so ist sie für Aufnahmen akustisch zu „hart". Dies bedeutet, dass Schallreflexionen von den Wänden die Aufnahme negativ beeinflussen würden. Eine Aufnahme soll möglichst

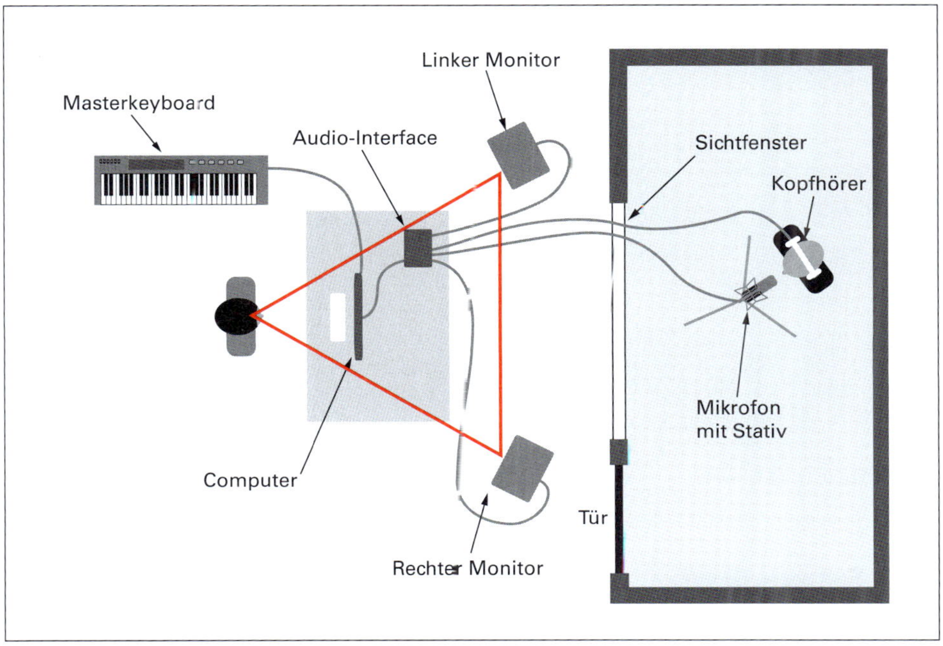

Homerecording-Studio

Für Sprach- oder Gesangsaufnahmen sollte ein schallisolierter Bereich (Sprecherkabine) zur Verfügung stehen.

Die Studiomonitore sollten so platziert werden, dass sich zusammen mit dem Tontechniker ein gleichseitiges Dreieck ergibt.

„trocken" erfolgen. Hall oder Echo können Sie bei der späteren Nachbearbeitung hinzufügen.

Um aus den harten Wänden akustisch weiche Wände zu machen, ist es erforderlich, diese mit einem schallabsorbierenden Material auszukleiden. Hierfür gibt es für wenig Geld akustisches Dämmmaterial aus Polyurethan-Weichschaum. Auf dem Boden sollte ein Teppichboden verlegt werden, mit dem die auch Tür beklebt werden kann.

Wenn Ihnen die Möglichkeit zur Einrichtung einer separaten Kabine fehlt, können Sie sich auch damit behelfen, lediglich die Wände und eventuell Fenster mit akustischem Dämmmaterial oder notfalls mit Vorhängen zu verkleiden, um die Schallreflexionen zu vermeiden. Achten Sie darauf, dass sich keine Geräte im Raum befinden, die störende Geräusche verursachen.

Bei der Aufstellung der Monitore ist zu beachten, dass sich diese in Ohrhöhe befinden und in Richtung des Hörers gedreht werden, so dass sich zwischen Hörer und Monitoren ein gleichseitiges Dreieck ergibt.

Achten Sie – falls keine Sprecherkabine vorhanden ist – bei der Aufstellung des Mikrofons unbedingt darauf, dass keine Rückkopplung zu den Monitoren entstehen kann. Rückkopplungen äußern sich in Form eines schrillen Pfeiftones, der die Lautsprechermembran oder, im schlimmsten Fall, das Trommelfell zerstören kann. Um Rückkopplung zu vermeiden, muss das Mikrofon grundsätzlich *hinter* den Monitoren platziert werden.

Pyramidenschaumplatte

Weichschaummatten aus Polyurethan absorbieren den Schall und verhindern störende Reflexionen.

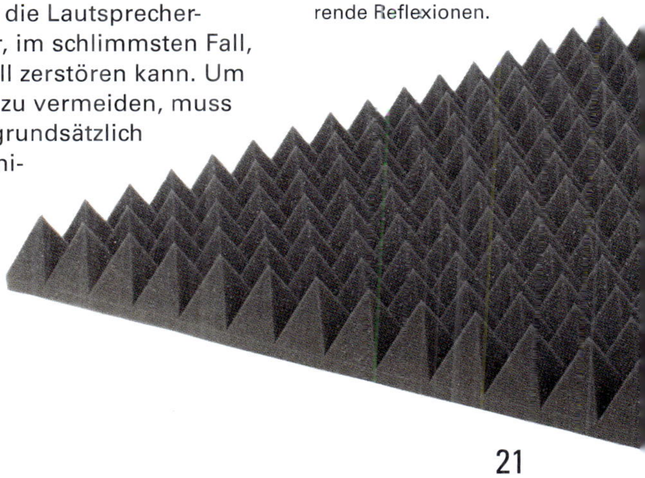

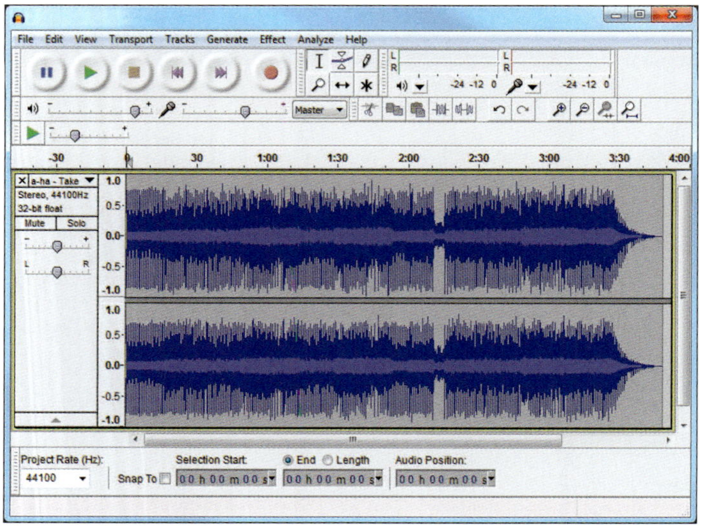

Audacity

Audacity ist eine kostenlose Audiosoftware, die über einen beachtlichen Leistungsumfang verfügt.

2.1.7 Software (DAW)

Zur Aufnahme, Abmischung, Nachbearbeitung und zum Export des finalen Sounds ins gewünschte Endformat benötigen Sie eine *Digital Audio Workstation*, kurz DAW.

Es gibt eine große Auswahl an DAWs, die teilweise sogar als Freeware verfügbar sind. In der Tabelle finden Sie eine Zusammenstellung einiger guter Programme, wobei wir uns hier bewusst auf kostenlose oder kostengünstige Programme bis 100 Euro beschränkt haben und keinen Anspruch auf Vollständigkeit erheben.

Software

In der Tabelle finden Sie kostenlose und kostengünstige Programme zur Audiobearbeitung.

Name	Anbieter	Mac	Win	Preis (ca.)
Audacity	Open Source	•	•	–
Audition CC	Adobe	•	•	20,– €/Monat[1]
Cakewalk Sonar Home Studio	Cakewalk	•	•	50,– €
Cakewalk Sonar Artists	Cakewalk	•	•	100,– €
Cubase Elements 9	Steinberg	•	•	90,– €
Garageband	Apple	•		–
Ablaton Live 9	Ablaton	•	•	80,– €
Reason Essentials 9	Propellerhead	•	•	60,– €

1) Der Preis bezieht sich auf eine Adobe-CC-Lizenz für Studenten, Schüler oder Lehrer.

Auf große Programmpakete wie *Cubase* von Steinberg oder *Logic Pro* von Apple, für die Sie mehrere Hundert Euro veranschlagen müssen, haben wir verzichtet, weil sie weniger beim Homerecording, sondern in professionellen Tonstudios zum Einsatz kommen.

Wer seine Audioproduktionen nicht am Laptop oder Desktop-PC, sondern mit dem Tablet machen will, der findet hierfür eine Reihe von Apps. Allerdings ist die Bedienung per Finger durchaus Geschmackssache.

Wenn Sie noch nicht sicher sind, ob Sie sich für Homerecording erwärmen können, empfiehlt sich die Verwendung eines kostenlosen Tools. An erster Stelle sei hier *Audacity* genannt, das sehr leistungsfähig und dennoch kostenlos ist. Wie bereits auf Seite 11 erwähnt, fehlt der Software ein MP3-Encoder zum Exportieren fertiger Sounds als MP3. Der kostenlose Encoder LAME kann jedoch nachträglich installiert werden und integriert sich in Audacity.

Apple-User kennen vermutlich die bekannte DAW *Garageband*, die ebenfalls kostenlos und auf dem Mac bereits vorinstalliert ist. Garageband gibt es auch als App, so dass auch das iPad zur Musikworkstation werden kann.

Für das kurze Tutorial auf den nächsten Seiten haben wir uns für *Adobe Audition CC* entschieden. Der Grund hierfür ist, dass dieses Buch Teil der Buchreihe „Bibliothek der Mediengestaltung" ist und Medienschaffende überwiegend mit den Adobe-Programmen Photoshop CC, Illustrator CC, InDesign CC arbeiten. Wenn Sie also ohnehin über eine Creative-Cloud-Lizenz (CC) verfügen, ist *Adobe Audition* dabei. Die Lizenz für das gesamte Adobe-CC-Paket kostet für Studenten, Schüler oder Lehrer derzeit rund 20 Euro/Monat (Stand: 2018).

2.2 Audiobearbeitung mit Audition CC

2.2.1 Im Homerecording-Studio aufnehmen

Wenn die Vorbereitungen abgeschlossen sind und Ihr Homerecording-Studio eingerichtet ist, können Sie mit der ersten Aufnahme loslegen. Wir verwenden in diesem Tutorial die Software *Adobe Audition CC*, die Vorgehensweise ist jedoch bei jeder Software gleich.

Making of …

1 Starten Sie *Adobe Audition CC*. Wählen Sie **A** die Benutzeroberfläche *Klassisch* aus.

2 Prüfen Sie im Menü *Bearbeiten > Voreinstellungen > Audiogeräte…*, ob der Eingang (Audio-Interface oder Mikrofon) korrekt ist.

3 Rechtsklicken Sie auf die Pegelanzeige **B** und wählen Sie *Eingangssignal messen*.

4 Steuern Sie nun das Eingangssignal aus, indem Sie – falls vorhanden – am Regler des Vorverstärkers des Audio-Interface drehen. Alternativ variieren Sie den Abstand zum Mikrofon oder die Sprechlautstärke. Ziel der Aussteuerung ist, dass die Pegelanzeige *so nahe wie möglich* an die Aussteuergrenze von 0-dB-Grenze **C** herankommt, ohne diese zu überschreiten (Informationen zu Pegel siehe Seite 4). Das Übersteuern der Aufnahme – das sogenannte Clipping – sollte auf jeden Fall vermieden werden, da es die Soundqualität verschlechtert.

5 Klicken Sie auf den roten Aufnahmebuttons **D**. Geben Sie die rechts dargestellten Aufnahmeparameter ein (Information siehe Seite 6ff). Nach Bestätigung mit *OK* startet die Aufnahme, die Sie mittels Pause-Button **E** unterbrechen und mit dem Stopp-Button **F** beenden können.

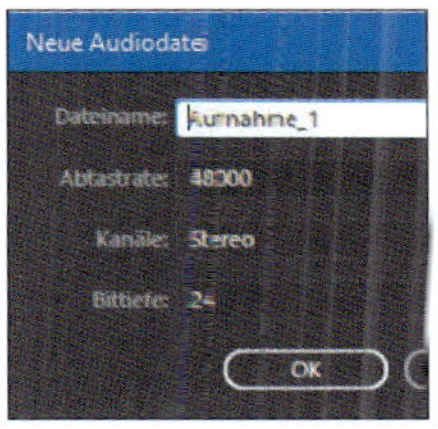

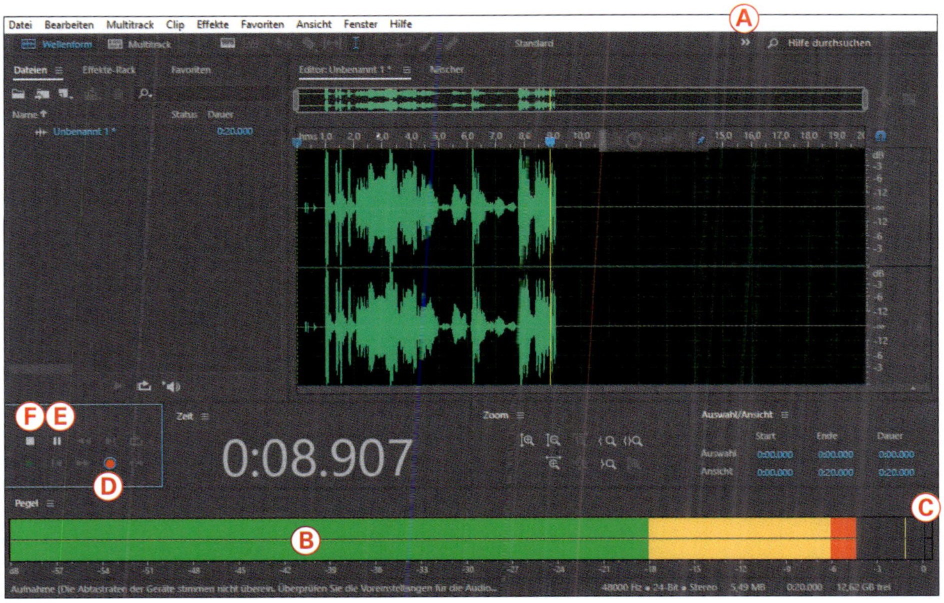

Aufnahme

Der Pegel (farbiger Balken) unten darf auf keinen Fall den rechten Rand erreichen, da es sonst zur Übersteuerung der Aufnahme (Clipping) kommt.

6 Um den Teil einer Aufnahme zu wiederholen, platzieren Sie den Cursor an der gewünschten Stelle und klicken erneut auf den Aufnahmebutton **D**. Die alte Aufnahme wird ab dieser Position durch die neue Aufnahme überschrieben.

7 Speichern Sie die Aufnahme im Menü *Datei > Speichern* ab. Wählen Sie das unkomprimierte Dateiformat *Wave PCM* (.wav), damit Sie die Aufnahme in maximaler Qualität erhalten.

2.2.2 Im Freien aufnehmen

Für Aufnahmen im Freien bietet sich die Verwendung eines oder mehrerer Smartphones an. Deren integrierte Mikrofone haben jedoch zwei große Nachteile:

- Damit die Aufnahme einigermaßen gut wird, muss sich das Mikrofon relativ nahe am Mund befinden. Dies stört den Sprecher und ist v. a. bei Videoaufnahmen unerwünscht.
- Das interne Mikrofon nimmt mit seiner kugelförmigen Charakteristik alle möglichen Nebengeräusche (z. B. Wind, Straßenverkehr, andere Stimmen) mit auf.

Ansteckmikrofon
Ansteck- oder Lavaliermikrofone sind bereits für wenige Euro erhältlich und führen zu einer deutlichen Verbesserung der Aufnahme. Bitte beachten Sie, dass ein externes Mikrofon nicht automatisch funktioniert, selbst wenn es vom Stecker her in das Smartphone passt. Dies liegt an der unterschiedlichen Steckerbelegung der Klinkenstecker. Abhilfe schaffen hier Kabeladapter, die für wenige Euro erworben werden können.

Ansteckmikrofon
Modell: Rode SmartLav

Richtmikrofon (mit Windschutz)
Eine noch bessere Qualität liefert ein externes Richtmikrofon, das, wie der Name sagt, nur den Schall vor dem Mikrofon aufnimmt. Ein aufsetzbarer Windschutz, eine sogenannte *DeadCat*, verhindert Störgeräusche durch Wind. Des Weiteren sollten Sie darauf achten, dass ein Kopfhörer angeschlossen werden kann **A**, damit Sie den Ton mithören können.

Richtmikrofon
Modell: Rode VideoMic Me Ultra

Tonangel
Bei Filmaufnahmen soll das Mikrofon nicht sichtbar sein, es sei denn, es handelt sich um eine Reportage oder um ein Interview.

Damit das Mikrofon für den Betrachter unsichtbar und trotzdem nahe am Sprecher ist, kommt hier eine sogenannte *Tonangel* zum Einsatz. Dabei handelt es sich um einen teleskopartig ausziehbaren Stab, an dessen Ende das Mikrofon befestigt ist. Anstelle von Smartphones kommen im professionellen Bereich tragbare Tonaufnahmegeräte zum Einsatz, die ein exaktes Aussteuern der Aufnahme und das Mithören über Kopfhörer ermöglichen.

Smartphone-Apps
Sowohl für Android als auch für iPhones gibt es zahlreiche kostenfreie Apps für Sprachaufnahmen.

Making of …

1 Beginnen Sie, nachdem das Mikrofon platziert oder, im Falle eines Ansteckmikros, an der Kleidung befestigt wurde, mit der Aussteuerung der Aufnahme. Wie im Studio auch sollte der Pegel **A** zwar möglichst hoch sein, die Aussteuergrenze **B** aber niemals erreichen. Variieren Sie den Abstand zum Mund, um den Pegel zu ändern. Verwenden Sie eine *DeadCat*, falls die Störgeräusche zu hoch sind.

2 Falls Sie ohne Kopfhörer aufnehmen müssen, weil dieser nicht parallel zum Mikrofon am Smartphone anschließbar ist, beginnen Sie mit Probeaufnahmen, die im Anschluss mit einem Kopfhörer angehört werden.

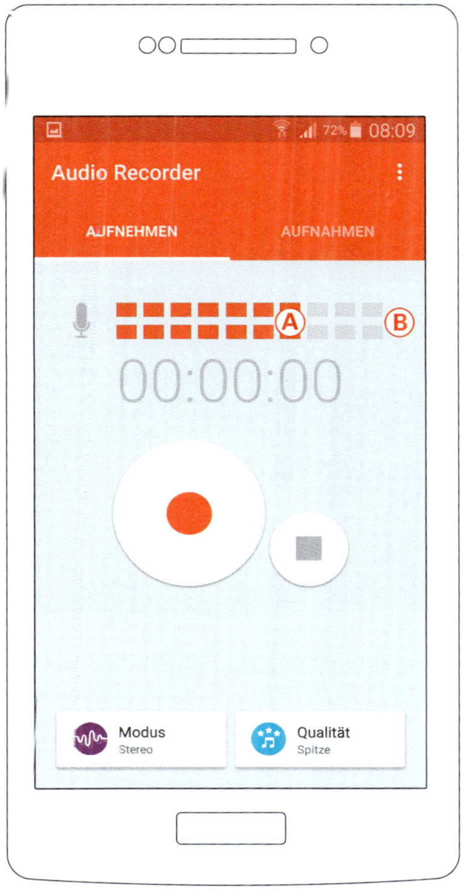

3 Wenn Sie mit mehreren (Ansteck-) Mikrofonen und Smartphones aufnehmen, z. B. bei einem Interview, oder wenn Sie eine Filmaufnahme mit externem Ton machen, dann klatschen Sie nach Start aller Geräte in die Hände. Dieses Geräusch gibt einen steilen Peak in der Aufnahme, der später eine optische Hilfe zur Synchronisation der Ton- und Videospuren ist. Natürlich können Sie an dieser Stelle auch die klassische Filmklappe verwenden: Uuuund Action!

Apps
Sowohl für iOS- als auch für Android-Smartphones gibt es zahlreiche (teilweise kostenlose) Apps für Tonaufnahmen.

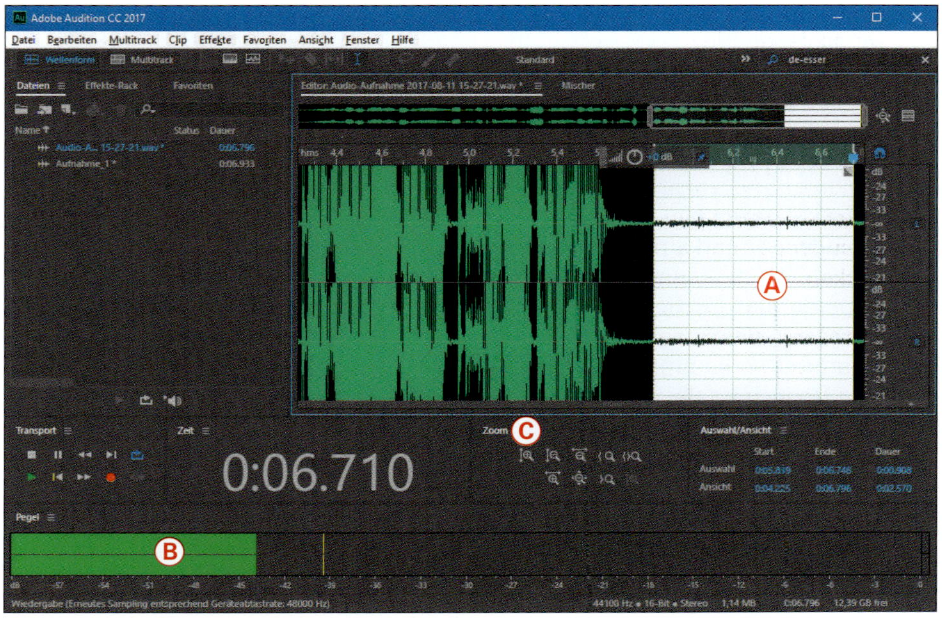

Es ist ähnlich wie bei der Bildbearbeitung mit Photoshop: Die Möglichkeiten zur Nachbearbeitung eines Sounds sind nahezu grenzenlos. Wir beschränken uns in diesem Tutorial auf wichtige Filter zur Verbesserung einer Sprachaufnahme.

2.2.3 Rauschen entfernen

Nahezu jede Aufnahme enthält Störungen, die als (Hintergrund-)Rauschen bezeichnet werden. Ziel ist es, dieses Rauschen zu entfernen.

Making of ...

1. Machen Sie eine Sprachaufnahme, in der Sie auch einige Sekunden still sind.
2. Markieren Sie mit dem Cursor den „stillen" Bereich **A** und spielen Sie ihn ab. Zumindest bei hoher Lautstärke werden Sie Störungen hören. Sie können an der Pegelanzeige **B** und bei Vergrößerung der Anzeige **C** auch sehen, dass Rauschen vorhanden ist.
3. Wählen Sie im Menü *Effekte > Rauschminderung/Wiederherstellung > Rauschminderung (Prozess)*.
4. Klicken Sie auf Geräuschmuster speichern, um den markierten Bereich **A** als Rauschen zu kennzeichnen.
5. Schalten Sie den Filter ein (**D** nächste Seite) und spielen Sie den Sound ab **E**. Durch Anklicken von **F** wird er ständig wiederholt.
6. Verschieben Sie nun die Schieberegler **G** und **H**, bis das Rauschen möglichst nicht mehr zu hören ist. Die grünen und gelben Punkte

liegen dann in etwa übereinander. Verschieben Sie die Regler nicht einfach nach rechts auf maximal, da sich der Filter negativ auf die Sprachaufnahme auswirken kann.

7 Schließen Sie den Vorgang ab, indem Sie auf *Gesamte Datei auswählen* **I** und auf *Anwenden* **J** klicken.

8 Markieren Sie den Bereich ohne Sprachaufnahme und löschen Sie ihn mit der *Entf*-Taste.

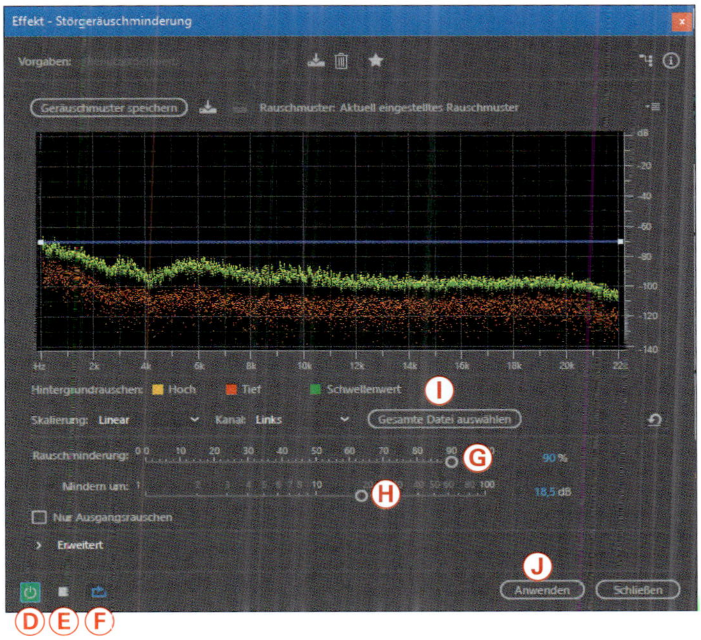

2.2.4 S-Laute reduzieren

Fast jede Aufnahme enthält Zischlaute, die überwiegend bei Wörtern mit „s" oder „sch" vorkommen. Zur Reduktion bietet *Audition CC* im Menü *Effekte > Amplitude und Komprimierung* einen Filter namens *DeEsser…*, den Sie hierfür ausprobieren können. Alternativ, und mit möglicherweise besserem Resultat, bietet sich die *Multiband-Komprimierung…* an.

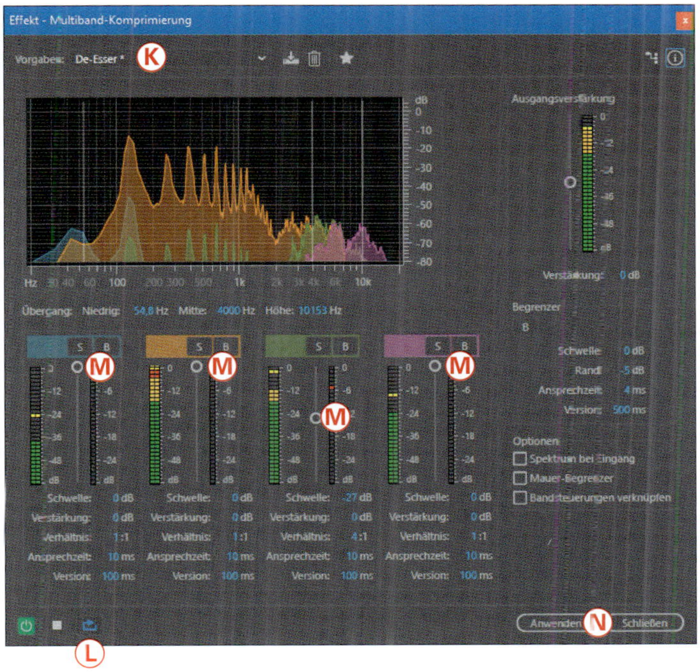

Making of …

1 Wählen Sie im Menü *Effekte > Amplitude und Komprimierung > Multiband-Komprimierung…*

2 Wählen Sie unter den Vorgaben *DeEsser* **K**.

3 Spielen Sie die Aufnahme wieder als Endlosschleife **L** ab und schalten Sie den Filter ein.

4 Optimieren Sie die Einstellungen an den Schiebereglern **M**.

5 Klicken Sie abschließend auf *Anwenden* **N**.

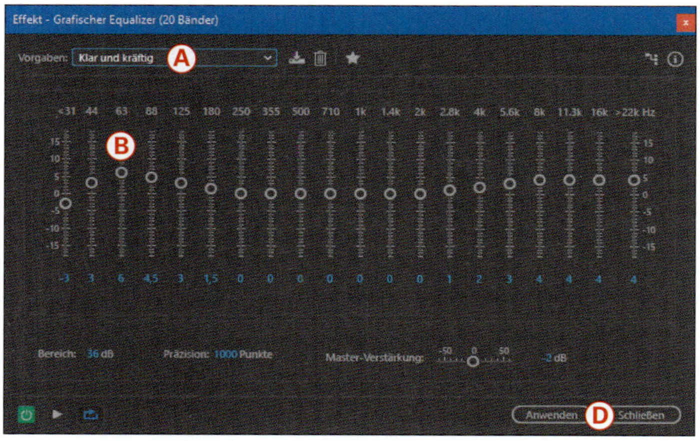

2.2.5 Klang optimieren

Audition CC stellt mehrere *Equalizer,* kurz EQ, zur Verfügung, mit denen sich gezielt Frequenzveränderungen vornehmen lassen. Das Frequenzspektrum der Aufnahme wird hierzu in Frequenzbänder unterteilt, die individuell verstärkt oder abgeschwächt werden können. So lassen sich beispielsweise tiefe Frequenzen (Bässe) verstärken und hohe Frequenzen (Höhen) absenken.

Making of …

1 Wählen Sie im Menü *Effekte > Filter und EQ* beispielsweise *Grafischer Equalizer (20 Bänder).*

2 Auch hier ist es einfacher, zunächst eine Vorgabe zu wählen, z. B. *Klar und kräftig* **A**.

3 Spielen Sie die Aufnahme als Endlosschleife ab und schalten Sie den Filter ein.

4 Verändern Sie den Klang, indem Sie die Schieberegler **B** nach oben oder unten verschieben. Werte über `0 dB` verstärken, Werte darunter reduzieren die angegebene Frequenz. Links befinden sich die tiefen und rechts die hohen Töne. Verändern Sie die Schieberegler vorsichtig, es darf auf keinen Fall zur Übersteuerung (zum Clipping) **C** kommen.

5 Schließen Sie den Vorgang mit *Anwenden* **D** ab.

2.2.6 Normalisieren

Wenn im Vorfeld richtig ausgepegelt wurde, kommt es bei der Aufnahme nicht zur Übersteuerung (Clipping) **C**. Sie haben jedoch vielleicht bemerkt, dass durch die Anwendung von Filtern die Gesamtlautstärke oft reduziert wird.

Durch Normalisieren verstärken Sie die gesamte Aufnahme bis zu einem Grenzwert. Diese Funktion ist insbesondere auch dann wichtig, wenn die Gesamtaufnahme aus mehreren Dateien besteht und Sie erreichen möchten, dass der Ton überall gleich laut ist.

Making of …

1 Wählen Sie im Menü *Effekte > Amplitude und Komprimierung > Normalisieren (Prozess) …*

2 Geben Sie den Grenzwert vor, z. B. `95%`.

3 Schließen Sie den Vorgang mit *Anwenden* ab.

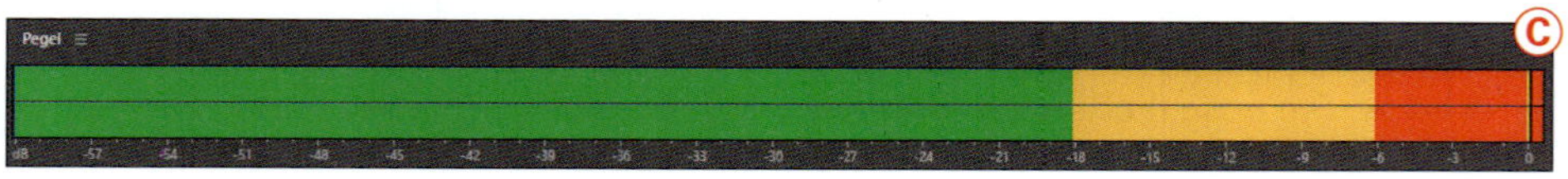

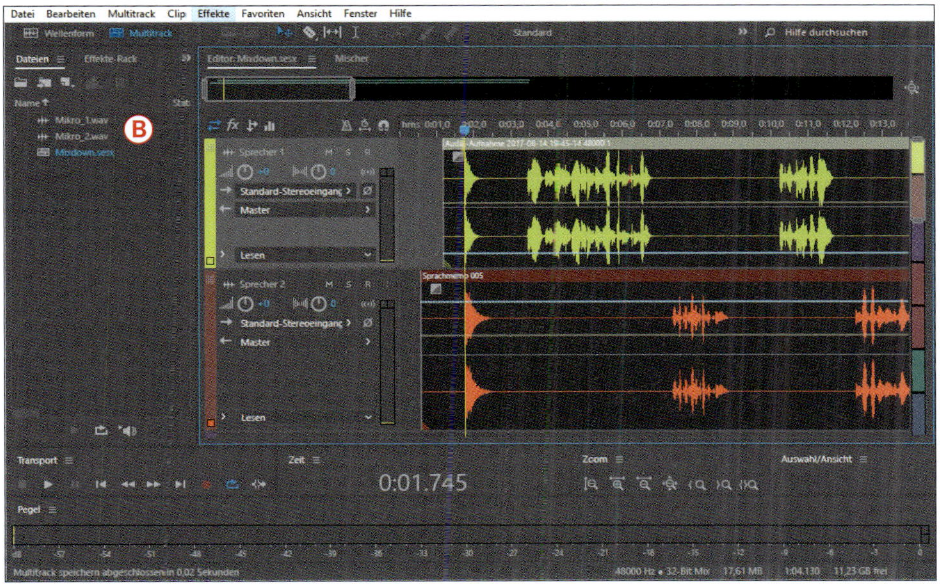

2.2.7 Multitrack-Session

Bis jetzt haben wir aussschließlich mit einer Audiospur *(Track)* gearbeitet. Oft werden Sie jedoch mehrere Spuren *(Multitrack)* benötigen, z. B. um ein Musikstück mit mehreren Instrumenten oder eine Sprachaufnahme mit mehreren Mikrofonen abzumischen.

Making of ...

1 Vorbereitung: Nehmen Sie mit zwei Smartphones – wenn möglich mit Ansteckmikrofonen (siehe Seite 24) – ein kurzes Gespräch auf. Klatschen Sie zu Beginn der Aufnahme in die Hände, um die Spuren später synchronisieren zu können.

2 Legen Sie im Menü *Datei > Neu > Multitrack-Session...* eine Mehrspur-Datei an. Geben Sie einen Namen, Speicherort und die technischen Parameter (siehe Screenshot rechts) ein.

3 Wenn Sie keine Vorlage **A** ausgewählt haben, legt *Audition CC* standardmäßig eine Datei mit sechs Audiospuren und einer Masterspur an. Im Menü *Multitrack > Track* können Sie jederzeit weitere Spuren hinzufügen oder nicht benötigte Spuren löschen.

4 Importieren Sie im Menü *Datei > Importieren > Datei...* die beiden Sprachdateien (hier: Mikro_1.wav und Mikro_2.wav).

5 Markieren Sie mit gedrückter Shift-Taste die Sprachdateien **B** und ziehen Sie sie mit gedrückter Maustaste nach rechts auf die Spuren. *Audition CC* fügt die Aufnahmen in zwei Tracks ein. (Mit gedrückter Alt-Taste werden die Dateien hintereinander in eine Spur eingefügt.)

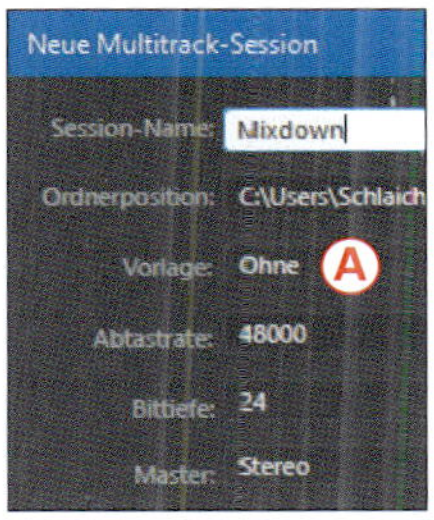

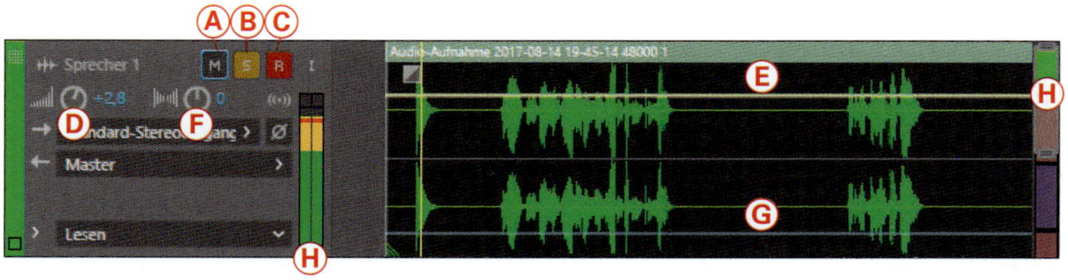

2.2.8 Mischen

Alle Audiospuren (mit Ausnahme der Masterspur) sind identisch aufgebaut. Die wichtigsten Bedienelemente sind:

A Mit *M (Mute)* schalten Sie die Spur aus (nicht hörbar).

B Mit *S (Solo)* schalten Sie alle anderen Spuren auf stumm.

C Mit *R (Record)* nehmen Sie in der Spur auf, sobald der rote Aufnahmeknopf gedrückt wird. Die Pegelanzeige **H** ist aktiviert.

D Hier stellen Sie die Lautstärke der Spur ein. Ziehen Sie den Drehregler mit gedrückter Maustaste nach links (leiser) oder nach rechts (lauter).

E Im Unterschied zur (Gesamt-)Lautstärke der Spur **D** zeigt die gelbe Linie die Lautstärke des Clips an. (In jeder Spur können sich mehrere Clips befinden). Ziehen Sie die Linie nach oben, wird der Clip lauter, nach unten, wird er leiser.

F Hier stellen Sie bei Stereospuren ein, ob die Spur auf dem linken oder rechten Kanal abgespielt werden soll.

G Wie bei der Lautstärke können Sie die Stereobalance auch bei jedem Clip individuell einstellen, indem Sie die blaue Linie nach unten oder oben verschieben.

H Verschieben Sie den Schieberegler ganz nach unten, um zur *Masterspur* zu kommen. Diese ermöglicht die Einstellung der Gesamtlautstärke aller Spuren.

I Wenn Sie statt mit dem Editor lieber mit einem Mischpult arbeiten, können Sie dieses im Menü *Fenster > Mischpult* aufrufen. Die beschriebenen Funktionen stehen Ihnen auch hier zur Verfügung. (Die Laustärkeregelung und Stereobalance einzelner Clips ist hier nicht möglich.) Die Masterspur **J** befindet sich rechts.

Making of …

1 Aktivieren Sie – falls nicht bereits der Fall – das *Verschieben-Werkzeug* (**A** nächste Seite). Synchronisieren Sie die beide Aufnahmen, indem Sie die Spuren so verschieben, dass das Klatschgeräusch gleichzeitig hörbar ist (**B** nächste Seite).

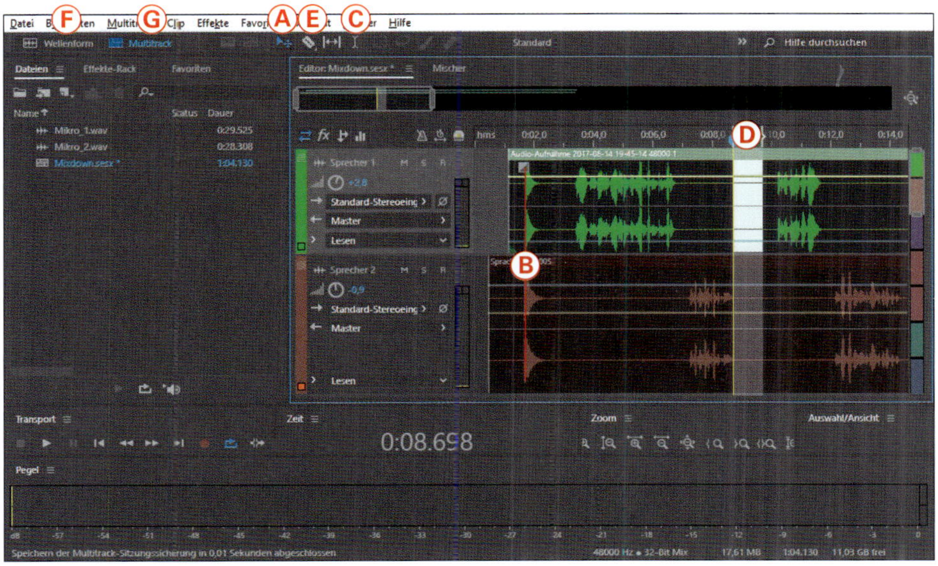

2 Passen Sie die Lautstärke der beiden Aufnahmen so an, dass sie beim Abhören gleich laut klingen.

3 Legen Sie eine Spur auf den rechten Kanal und die andere auf den linken Kanal. Beim Abhören ergibt sich hierdurch ein Stereoeffekt.

4 Wählen Sie das *Zeitauswahl-Werkzeug* **C**. Um beispielsweise Pausen oder das Klatschen in allen Spuren zu löschen, markieren Sie den zu löschenden Bereich in einer Spur **D**. Wählen Sie im Menü *Bearbeiten > Löschen und Lücke schließen > Auswahl in allen Tracks.*

5 Um einen oder mehrere Clips zu teilen, wählen Sie das *Rasierklingen-Werkzeug* **E**. Klicken Sie etwas länger auf das Symbol: Nun können Sie wählen, ob die Rasierklinge nur den markierten Clip oder die Clips aller Spuren schneiden soll.

6 Um eine Spur individuell zu bearbeiten, klicken Sie auf *Wellenform* **F** oder machen Sie einen Doppelklick auf die Spur. Wenden Sie die in Kapitel 2.2.3 bis 2.2.5 vorgestellten Filter an, um den Klang zu optimieren. Zur Rückkehr in den Multitrack-Editor klicken Sie auf **G**.

7 Speichern Sie den fertig abgemischten Sound im Menü *Datei > Speichern* ab.

2.2.9 Überblenden

Manchmal ist es erwünscht, dass ein Song aus- und der nächste eingeblendet wird. Der Fachbegriff hierfür lautet *Faden* – die Lautstärkeregler am Mischpult werden als *Fader* bezeichnet.

Making of ...

1 Erstellen Sie eine neue Multitrack-Datei.

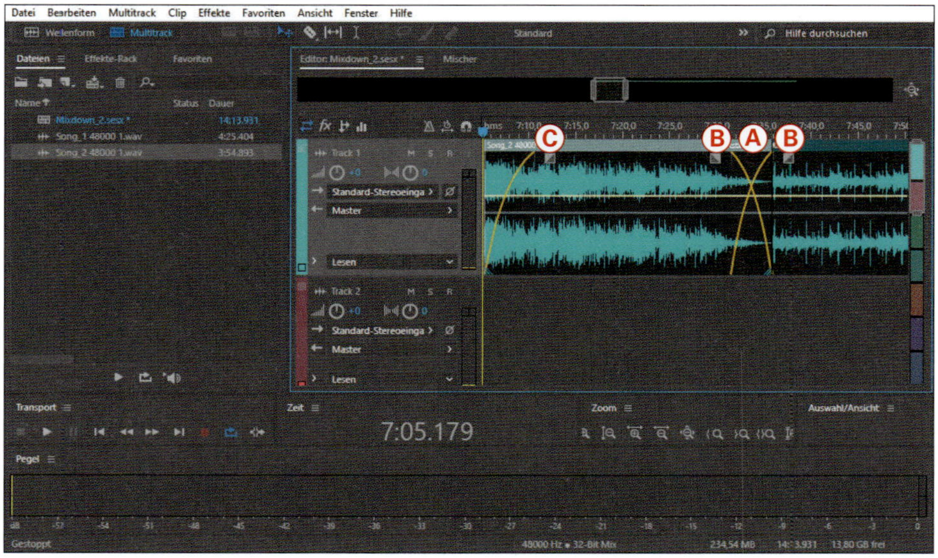

2 Importieren Sie zwei beliebige Sounddateien.

3 Markieren Sie die beiden Sounds mit gedrückter Shift-Taste. Ziehen Sie sie mit gedrückter Alt-Taste und mit gedrückter Maustaste nach rechts auf die Spuren. *Audition CC* fügt die Dateien nicht untereinander, sondern *hintereinander* in eine Spur ein. Die Reihenfolge der Clips entspricht der Reihenfolge, in der Sie sie markiert haben.

4 Verschieben Sie den linken Clip ein Stück nach rechts, so dass er sich mit dem rechten Clip überlappt. Die gelben Linien **A** deuten an, dass der erste Song ausgeblendet und der zweite Song eingeblendet wird. Den Verlauf der Linien – und damit die Überblendung – können Sie mit Hilfe der kleinen Quadrate **B** verändern.

5 Das Ein- oder Ausblenden eines Clips funktioniert auch ohne Überlappung am Anfang oder Ende eines Clips **C**.

2.2.10 Exportieren

Wenn Ihr Sound nachbearbeitet und abgemischt ist, muss er abschließend ins gewünschte Dateiformat exportiert werden.

Making of …

1 Wählen Sie im Menü *Datei > Exportieren > Multitrack-Abmischung > Gesamte Session.*

2 Vergeben Sie einen Dateinamen und wählen Sie den Dateityp, beispielsweise MP3.

3 Nehmen Sie die MP3-Einstellungen vor (siehe Seite 10). Bestätigen Sie mit *OK*.

2.3 Aufgaben

1 Komponenten eines Homerecording-Studios anschließen

Die Grafik zeigt mögliche Komponenten eines Homerecording-Studios. Zeichnen Sie die notwendige Verkabelung ein. Verwenden Sie einen roten Stift für analoge Kabel und einen schwarzen Stift für digitale Kabel.

2 Steckerbezeichnungen kennen

a. Notieren Sie die Bezeichnung der abgebildeten Steckverbindungen.

A: ....

B: ....

C: ....

D: ....

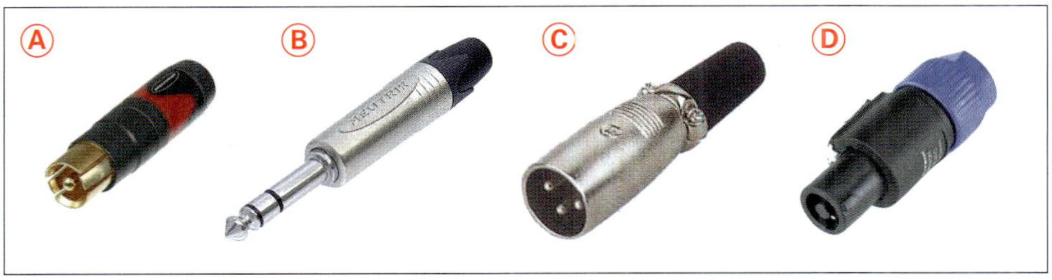

b. Nennen Sie je ein Anschlussbeispiel.

A:

B:

C:

D:

3 Sprecherkabine einrichten

Die Wände einer Sprecherkabine müssen akustisch „trocken" sein, d. h., dass sie den Schall möglichst komplett „schlucken".

a. Begründen Sie die obige Forderung.

b. Zählen Sie Maßnahmen auf, um das obige Ziel zu erreichen.

Boden:

Wände/Decke:

Tür:

Fenster:

4 Rückkopplung vermeiden

a. Erklären Sie den Begriff „Rückkopplung" bei Aufnahmen mit einem Mikrofon.

b. Welche Gefahr besteht?

c. Wie können Rückkopplungen vermieden werden?

5 Übersteuerung vermeiden

a. Erklären Sie, weshalb die Übersteuerung einer Aufnahme vermieden werden muss.

b. Nennen Sie zwei Maßnahmen, um die Übersteuerung einer Aufnahme zu vermeiden.

1.

2.

6 Aufnahmen im Freien

a. Erklären Sie, weshalb die Sprachqualität bei Aufnahmen mit dem Smartphone nicht optimal ist.

b. Durch welche zwei Maßnahmen lässt sich die Qualität verbessern?

1.

2.

7 Audiodatei erstellen

Notieren Sie empfehlenswerte Kennwerte für Audiodateien.

a. Abtastrate

b. Abtasttiefe

c. Kanäle

8 Audiofilter anwenden

Erklären Sie in einem Satz die Funktion.

a. Normalisieren

b. DeEsser

c. Equalizer

3.1 Fernsehen

Fernsehnostalgie aus dem Jahr 1958

3.1.1 Analoges Fernsehen

Interlace-Verfahren

Als sich das Fernsehen in den 50er Jahren des letzten Jahrhunderts zum Massenmedium entwickelt hat, stellte die Übertragung bewegter Bilder noch eine technische Herausforderung dar. Damit dies überhaupt möglich wurde, kamen die damaligen Ingenieure auf die Idee, mit dem Interlace- oder Zeilensprungverfahren unsere Augen zu überlisten:

Interlace-Verfahren
Der Fernseher zeigt nur scheinbar ganze Bilder, tatsächlich werden in schneller Folge Halbbilder wiedergegeben.

Damit ein Fernsehbild flimmerfrei dargestellt wird, müssen 50 Bilder pro Sekunde gezeigt werden – die *Bildwiederholfrequenz* muss also 50 Hz betragen. Diese hohe Bildwiederholfrequenz war damals nicht möglich. Der Trick besteht nun darin, statt 50 Vollbilder lediglich 50 Halbbilder zu übertragen. Das erste Halbbild überträgt dabei nur die ungeradzahligen Zeilen 1, 3, 5 ..., das zweite Halbbild überträgt die geradzahligen Zeilen 2, 4, 6 ... des Bildes.

Das analoge Fernsehbild besteht also tatsächlich aus (nur) 25 Vollbildern pro Sekunde. Durch die Trägheit des Auges und das Nachleuchten des Bildes handelt es sich scheinbar um 50 Bilder pro Sekunde. Die Abkürzung hierfür lautet 50i (i steht für *interlaced*).

Computermonitore arbeiten im Unterschied dazu immer mit Vollbildern – man spricht hierbei von *progressive* (Abkürzung: p). Die Angabe 25p besagt also, dass 25 Vollbilder pro Sekunde gesendet werden.

Fernsehnormen

Für das analoge Fernsehen gibt bzw. gab es keinen weltweit gültigen Standard, sondern drei konkurrierende Systeme: NTSC, PAL (bzw. PALplus) und SECAM.

- *NTSC (525/60i)*
  Die Fernsehübertragungsnorm wurde 1953 in den USA und Kanada vom

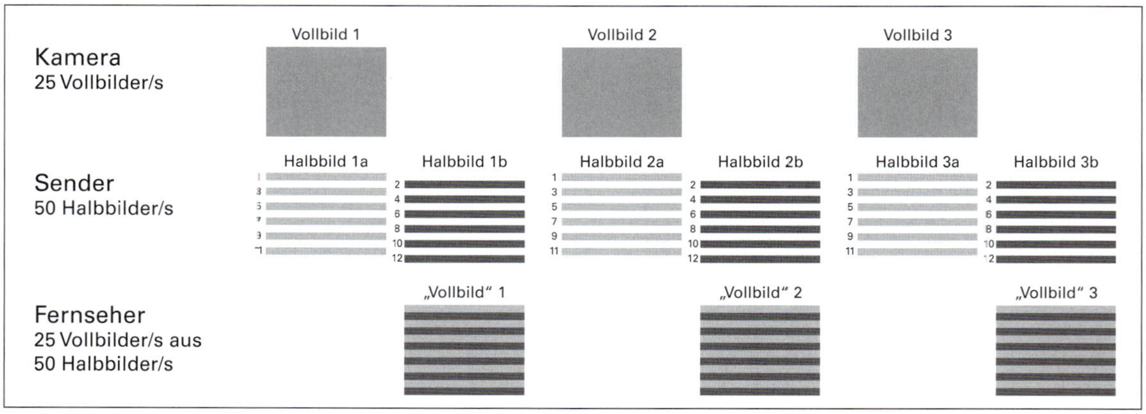

P. Bühler, P. Schlaich, D. Sinner, *AV-Medien*, Bibliothek der Mediengestaltung,
https://doi.org/10.1007/978-3-662-54605-5_3

„National Television System Committee“ eingeführt. Die Bezeichnung 525/60i besagt, dass das Bild aus 525 Bildzeilen besteht und 60 Halbbilder pro Sekunde übertragen werden, also 60i oder 30p.

- *PAL (625/50i)*
  Das PAL-System (Phase Alternation Line) wurde im Jahr 1962 in Westeuropa – außer in Frankreich – eingeführt. PAL verwendet 625 Bildzeilen und 50 Halbbilder pro Sekunde (50i bzw. 25p).
- *PALplus*
  PALplus kam 1995 und stellte eine Weiterentwicklung der PAL-Fernsehnorm dar. Wesentliches Merkmal ist die Umstellung auf das 16:9-Bildformat (siehe nächster Abschnitt).
- *SECAM*
  In Frankreich wurde ab 1957 das SECAM-Verfahren (Séquentielle à mémoire) verwendet. Die technischen Parameter von SECAM entsprechen weitgehend der PAL-Norm.

3.1.2 Digitales Fernsehen

DVB (Digital Video Broadcasting)
Das analoge Fernsehen ist in Deutschland einen langsamen Tod gestorben: Während das analoge Satellitenfernsehen bereits im Jahr 2012 abgeschaltet wurde, folgte das Kabelfernsehen erst 2017. Seither ist in Deutschland nur noch digitales Fernsehen (DVB) verfügbar. Zur Unterscheidung wird an die Abkürzung ein Buchstabe angehängt:

- *DVB-T(2)*
  Bei DVB-T steht das „T“ für Terrestrial, was so viel wie Ausstrahlung über die Erde bedeutet. Damit Sie DVB-T empfangen können, benötigen Sie entweder einen Fernseher mit DVB-T-Empfangsteil oder einen separaten DVB-T-Receiver.
- *DVB-C(2)*
  Das „C“ steht für Cable, so dass mit DVB-C also das digitale Kabelfernsehen bezeichnet wird. Für diesen Fall benötigen Sie einen Fernseher mit DVB-C-Empfangsteil oder einen externen DVB-C-Receiver.
- *DVB-S(2)*
  Für den Empfang des digitalen Satellitenfernsehens ist eine Parabolantenne mit digitalem Empfangsteil erfoderlich.

HDTV
Die Abkürzung steht für hochauflösendes Fernsehen (High Definition Television). Dessen wichtigste Merkmale sind einerseits die Erhöhung der Zeilenzahl auf 720 (HD) bzw. 1.080 (Full HD) und andererseits die Änderung des Bildformats von 4:3 auf 16:9.

In Deutschland werden die öffentlich-rechtlichen Sender auch in HD ausgestrahlt (ARD HD bzw. ZDF HD) und Sie können diese ohne Zusatzkosten empfangen. Auch die wichtigsten Privatsender senden in HD, allerdings ist die Nutzung nicht bei allen Anbietern kostenlos.

UHDTV
Die nächste Generation hochauflösenden Fernsehens heißt UHDTV (Ultra High Definition Television). Momentan gibt es zwei Standards:

- UHD-1 (auch: 4K) verdoppelt Full-HD auf 2.160 Zeilen.
- UHD-2 (auch: 8K) vervierfacht Full-HD auf 4.320 Zeilen.

Während es bereits heute zahlreiche UHD-1- oder 4K-Fernseher gibt, lassen 8K-Geräte noch auf sich warten. Doch selbst bei 4K ist die zu übertragende Datenmenge bereits riesig, so dass es nur wenige Filme gibt, die in 4K verfügbar sind.

3.1.3 Seitenverhältnis (Aspect Ratio)

Das Seitenverhältnis beschreibt das Verhältnis von Bildbreite zu Bildhöhe. Hierbei werden folgende Formate unterschieden:

4:3 A

Sowohl bei PAL als auch bei NTSC betrug das Seitenverhältnis 4:3. Dividiert man 4 durch 3 ergibt sich 1,33. Dies besagt, dass das Bild ein Seitenverhältnis von 1,33:1 (Breite : Höhe) besitzt.

16:9 B

Bei PALplus, HDTV und UHDTV wurde das Bild verbreitert: 16:9 entspricht einem Seitenverhältnis von 1,78:1. Dies kommt den physikalischen Eigenschaften des Auges näher, da unser horizontaler Sichtbereich fast 180° beträgt, vertikal hingegen lediglich 30°. Es ist also sinnvoll, ein Bild deutlich breiter als hoch zu machen.

Kinoformate C

Das europäische Kinoformat besitzt ein Seitenverhältnis von 1,66:1, das amerikanische ist mit 1,85:1 noch etwas breiter. Die bekannte Filmproduktionsgesellschaft *Twentieth Century Fox* geht noch einen Schritt weiter und produziert im sogenannten *CinemaScope*-Format mit einem Seitenverhältnis von 2,35:1. Umgerechnet entspricht dies etwa 21:9 und ist damit im Vergleich zu 16:9 nochmals deutlich breiter.

Aspect Ratio

Die Abbildungen zeigen von oben nach unten:
A 4:3
B 16:9
C 21:9 (CinemaScope)

3.1.4 Fernseher

Die meisten heutigen Fernseher besitzen das 16:9-Format. Was passiert aber, wenn auf diesen Geräten ein Kinofilm im CinemaScope-Format dargestellt werden soll? Folgende Möglichkeiten sind denkbar:

Letterbox
Das Verfahren hat seinen Namen daher, dass der Betrachter einen Bildausschnitt sieht, der dem Blick durch einen Briefkastenschlitz ähnelt: Oben und unten sind schwarze Balken sichtbar. Auf diese Weise gelingt es, das CinemaScope-Format in voller Breite und ohne Verzerrung auf einem 16:9-Fernseher darzustellen. Nachteilig ist dabei jedoch, dass das Fernsehbild nicht vollständig genutzt wird.

Pan & Scan
Eine zweite Möglichkeit besteht darin, das Bild zu vergrößern, bis es in der Höhe passt. Links und rechts wird dabei zwangsläufig ein Teil des Bildes abgeschnitten, wie Sie am fehlenden rechten Bein des Tennisspielers erkennen können. Das kann sich insbesondere bei Spielfilmen negativ auf das Filmerlebnis auswirken.

21:9-Fernseher
Die beste Lösung ist es also zweifellos, einen Fernseher zu verwenden, der CinemaScope auch darstellen kann. Mit einem Fernseher im 21:9-Format erfüllen Sie diese Forderung. Der Nachteil hierbei ist, dass der Fernseher für alle Seitenverhältnisse unter 21:9 zu breit ist und das Bild durch schwarze Balken links und rechts oder durch Abschneiden angepasst werden muss. Eine optimale Lösung für alle Bildformate gibt es somit leider nicht.

Letterbox

Pan & Scan

21:9-Fernseher

3.2 Digitale Videotechnik

Die Digitalisierung hat nicht nur beim Fernsehen, sondern auch beim Videofilmen die analoge Technik vollständig abgelöst. Nahezu alle heutigen Spiegelreflexkameras, Systemkameras oder Camcorder arbeiten digital.

Dennoch leben wir in einer analogen Welt – dies gilt sowohl für Schallwellen als auch für die Farben des Lichts. Die wesentliche Funktion einer Digitalkamera besteht darin, analoges Licht in einen digitalen (binären) Datenstrom umzuwandeln. Die Kenntnis der hierfür erforderlichen technischen Parameter ist für die Auswahl einer für Sie geeigneten Kamera wichtig (siehe Seite 56).

3.2.1 Sehen

Was passiert in unseren Augen, wenn wir etwas sehen? Die erste Antwort ist immer die, dass unser Auge wie eine Kamera funktioniere, d. h. ein optisches System, das statt eines elektronischen Chips die Netzhaut als Empfänger hat. Das Sehen beginnt aber erst, wenn die auf der Netzhaut befindlichen Rezeptoren die visuellen Informationen in nervöse Signale umwandeln. Diese Signale werden dann zur weiteren Verarbeitung an das Gehirn geleitet. Erst dort entsteht das Bild, das wir sehen, oder besser, das wir wahrnehmen.

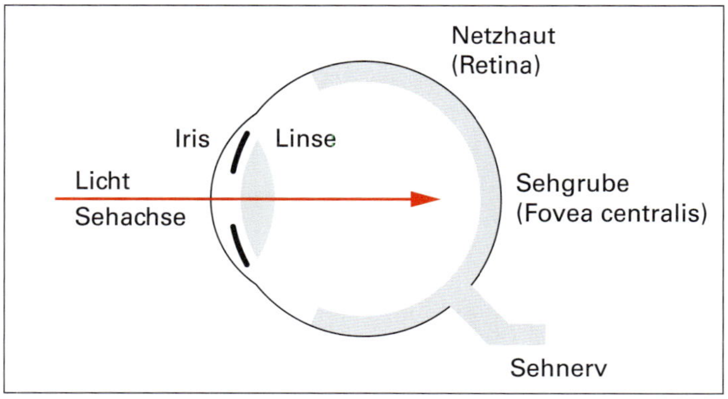

Schematischer Aufbau des menschlichen Auges

Zapfen und Stäbchen

Auf der Netzhaut, Retina, des menschlichen Auges befinden sich lichtempfindliche Zellen. Sie werden als Pigment- oder Fotorezeptoren bezeichnet. Es gibt zwei Arten von Rezeptoren, die nach Form und Funktion unterschieden werden, Stäbchen und Zapfen.

Die Netzhaut hat etwa 120 Millionen Stäbchen und nur ca. 7 Millionen Zapfen. Nur die Zapfen sind farbtüchtig, ihre überwiegende Mehrzahl befindet sich in der Fovea, dem Sehzentrum des Auges. Es gibt drei verschiedene Zapfentypen, Rot-, Grün- und Blaurezeptoren, die bevorzugt rotes, grünes bzw. blaues Licht absorbieren. Wir sehen also nur drei Farben: Rot, Grün und Blau. Alle anderen Farben sind das Ergebnis der Signalverarbeitung und Bewertung im Sehzentrum des Gehirns.

Die Stäbchen haben keine spektrale Empfindlichkeit, sie können ausschließlich Helligkeiten unterscheiden. Da unser Auge wesentlich mehr Stäbchen als Zapfen besitzt, erkennen wir Helligkeitsunterschiede wesentlich besser als Farbunterschiede. Dies macht man sich bei der Digitalisierung zunutze.

Grundfarben des Sehens

3.2.2 Farbsysteme

RGB-System

Jede Digitalkamera, egal ob für Fotografie oder für Video, entspricht von ihrem Aufbau grundsätzlich dem menschlichen Auge. Sie besteht aus einer *Optik* (vergleichbar mit der Linse) und aus einem *CCD-Element* (vergleichbar mit den Zapfen), das Licht in seine Grundfarben Rot, Grün und Blau zerlegt, digitalisiert und speichert.

Umgekehrt wird jedes einzelne Bildelement (Pixel) eines Fernsehers, Computermonitors oder Smartphonedisplays durch drei Lichtquellen – Rot, Grün und Blau – angesteuert. Die Farbe entsteht additiv, also durch Überlagerung der drei Farbanteile. Dieses Farbsystem wird deshalb, wie Ihnen sicherlich bekannt ist, als RGB-System bezeichnet.

YCbCr-System

Die Digitalisierung von Bewegtbildern erzeugt riesige Datenmengen. Aus diesem Grund muss man sich Gedanken darüber machen, wie die Datenmenge reduziert werden kann, ohne dass sich dies merklich auf die Bildqualität auswirkt. Hier kommt die bereits erwähnte Eigenschaft des Auges ins Spiel, Helligkeiten viel besser unterscheiden zu können als Farben. Bei der Digitalisierung kann der Helligkeitsanteil dann stärker berücksichtigt werden als die Farbanteile (siehe Farbunterabtastung).

Durch eine mathematische Transformation kann das RGB-System in das YCbCr-System umgerechnet werden. Dies beschreibt Farben durch einen Helligkeits- und einen Farbanteil:

- Y: Helligkeit
- Cb: blau-gelber Farbanteil
- Cr: rot-grüner Farbanteil

Rechts sehen Sie das Ergebnis der Transformation. Während der Helligkeitsanteil Y das Bild sehr detailliert darstellt, ist es in den beiden Farbanteilen Cb und Cr nur schemenhaft und ohne Details erkennbar.

Originalbild

Y (Helligkeitsanteil)

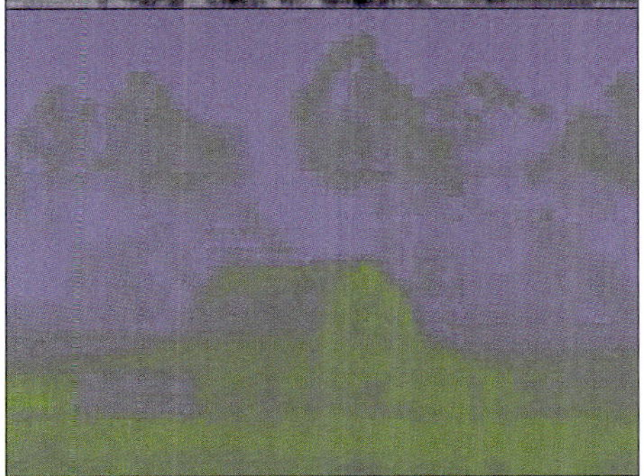

Cb (blau-gelber Farbanteil)

Cr (rot-grüner Farbanteil)

3.2.3 Digitalisierung

Farbunterabtastung (Color-Subsampling)

Bei der Digitalisierung wird auf Farbinformationen (Cb, Cr) verzichtet, um die Datenmenge zu reduzieren.

Auf Seite 6 haben Sie die Digitalisierung von (analogen) Schallwellen kennengelernt. Bei der Digitalisierung von Bildern ist die Vorgehensweise grundsätzlich gleich:

Im ersten Schitt erfolgt die Abtastung (Sampling) des Bildsignals, im zweiten Schritt müssen die Messwerte in binäre Daten umgewandelt werden (Quantisierung). Wird hierfür, wie bei Einzelbildern üblich, eine Daten- oder Farbtiefe von 8 Bit/Kanal verwendet, ergibt sich eine Datenmenge von 24 Bit (= 3 Byte) pro Pixel. Wie wir auf Seite 44 nachrechnen, führt dies zu sehr großen Datenmengen und -raten, die die Übertragung des Digitalsignals in Echtzeit unmöglich machen. Es müssen deshalb Maßnahmen getroffen werden, um die Datenrate zu reduzieren. Hierzu gehört die Farbunterabtastung.

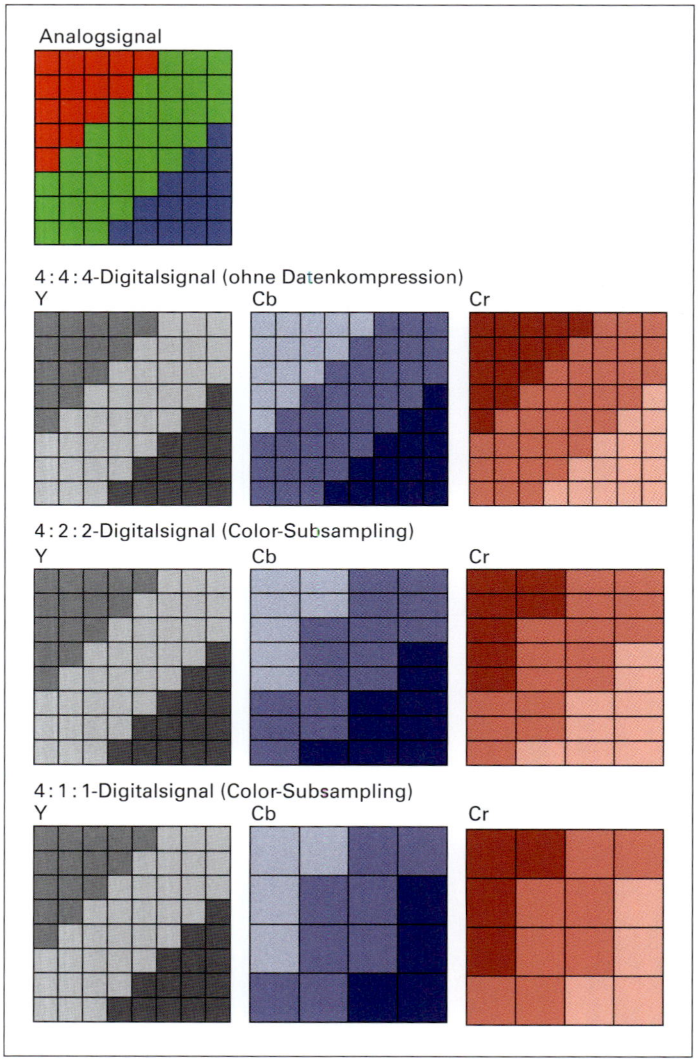

Farbunterabtastung

Die Grundidee der Farbunterabtastung *(Color-Subsampling)* besteht darin, den Helligkeitsanteil bei der Abtastung stärker zu berücksichtigen als die beiden Farbanteile. Durch die oben beschriebene Transformation von RGB in YCbCr wurde hierfür der Helligkeits- von den beiden Farbanteilen getrennt.

Bei der Digitalisierung können nun Farbpixel zusammengefasst und jeweils nur ein Farbwert gespeichert werden. Hierbei werden im Wesentlichen drei Möglichkeiten unterschieden:

4:4:4

Bei der Digitalisierung ohne Color-Subsampling nach dem 4:4:4-Verfahren werden die drei Signale Y, Cb und Cr mit der gleichen Abtastfrequenz digitalisiert. Es ergibt sich hierdurch die beste Bildqualität, allerdings auch die höchste Farbtiefe 24 Bit/Pixel.

4:2:2

Zur Reduktion der Datenmenge werden bei diesem Verfahren die beiden Farbanteile Cb und Cr lediglich mit der halben Abtastfrequenz abgetastet (Color-Subsampling). Dabei werden für jeweils vier Pixel zwar alle vier Helligkeitswerte, aber lediglich zwei Farbwerte gespeichert. Die Datenmenge reduziert sich hierdurch auf 8 + 4 + 4 = 16 Bit/Pixel, verringert sich also um 33 %.

4:1:1 (auch 4:2:0)
Eine noch stärkere Reduktion der Farbinformationen ergibt sich, wenn für vier Pixel alle vier Helligkeitsinformationen, aber lediglich eine Farbinformation gespeichert werden. Die Datenmenge beträgt 8 + 2 + 2 = 12 Bit/Pixel, also die Hälfte zur 4:4:4-Digitalisierung.

3.2.4 Kennwerte

Auflösung
Die Pixelanzahl in der Bildbreite und Bildhöhe wird als Auflösung bezeichnet. Hierbei gilt, dass ein Bild umso detailreicher und schärfer wird, je höher die Anzahl an Pixeln ist. Beachten Sie aber, dass eine Verdopplung der Bildbreite und -höhe zu einer Vervierfachung der Datenmenge führt.

Digitales Video verwendet dieselben Auflösungen wie Digitalfernsehen (siehe Seite 37). In der Tabelle finden Sie eine Zusammenstellung der aktuellen Standards. Die häufig verwendeten Angaben 2K, 4K, 8K bezeichnen mit K gleich 1.000 die (aufgerundete) Pixelanzahl in der Bildbreite. Aufgrund der noch nicht beherrschbaren Datenrate ist – wie beim Fernsehen auch – 8K noch Zukunftsmusik (Stand: 2018).

Seitenverhältnis (Aspect Ratio)
Wie beim Fernsehen hat sich das 16:9-Format auch im Videobereich durchgesetzt. Sie können dies nachrechnen, indem Sie den größten gemeinsamen Teiler (ggT) der Bildbreite und -höhe ermitteln, bei Full HD ist dieser beispielsweise 120. Hieraus ergibt sich:

```
1.920 : 120 = 16
1.080 : 120 =  9
```

Abweichungen von diesem Format finden Sie nur bei Kinofilmen (Digital Cinema). Hier kommt ein Seitenverhältnis von 2:1 zum Einsatz.

Bildrate
Die Anzahl an Bildern pro Sekunde wird als Bildwiederholfrequenz oder auch als Bildrate bezeichnet. Das in den Ursprüngen des Fernsehens eingesetzte Zeilensprungverfahren, bei dem mit Halbbildern gearbeitet wird, gibt es nur noch bei HD bzw. Full HD (50i).

Vorzugsweise sollten Sie eine Bildrate mit 50 Vollbildern (50p) einstellen, für Zeitlupen ist eine noch höhere Bildrate von beispielsweise 100p sinnvoll. Bedenken Sie aber, dass sich die Daterate hierbei verdoppelt.

Name	HD	Full HD (2K)	UHD-1 (4K)	UHD-2 (8K)
Auflösung (in Pixel)	1.280 · 720 px	1.920 · 1.080 px	3.840 · 2.160 px	7.680 · 4.320 px
Seitenverhältnis (Aspect Ratio)	16:9	16:9	16:9	16:9
Bildrate (in Bilder/s) i: interlaced (Halbbilder) p: progressive (Vollbilder)	25p 50i 50p 60p 100p 120p	25p 50i 50p 60p 100p 120p	50p 60p 100p 120p	50p 60p 100p 120p
Farb(unter)abtastung	4:2:2 4:2:0	4:2:2 4:2:0	4:4:4 4:2:2	4:4:4 4:2:2

Aktuelle Videostandards

3.2.5 Videodaten

Wir haben bereits mehrfach erwähnt, dass die Digitalisierung von Video zu sehr großen Datenmengen bzw. Datenraten führt. Dies macht nicht nur eine große Festplatte und entsprechende Rechenpower erforderlich, sondern verhindert möglicherweise, dass Ihr Video über eine (schlechte) Internetverbindung in Echtzeit wiedergegeben werden kann. Spätestens beim Export des Videos in das gewünschte Endformat müssen Sie die maximal zulässige Datenrate berücksichtigen.

Berechnung der Datenmenge
Die Datenmenge eines unkomprimierten Videos ohne Farbunterabtastung errechnet sich nach folgender Formel:

Datenmenge (unkomprimiert) π

$$D_V = f_V \cdot B \cdot H \cdot F \cdot t \quad [\text{Bit}]$$

f_V: Bildrate [Hz] = [1/s]
B: Bildbreite [px]
H: Bildhöhe [px]
F: Farbtiefe (Bit)
t: Zeit [s]

Beispielrechnung
Ein einminütiges Video in Full-HD-Qualität (1.920 · 1.080 px, 24 Bit) ergibt bei einer Bildrate von 50p und einer Farbabtastung von 4:4:4 folgende Datenmenge:

$$\begin{aligned} D_V &= 50\,\text{Hz} \cdot 1.920 \cdot 1.080 \cdot 24\ \text{Bit} \cdot 60\,\text{s} \\ &= 149.299.200.000\ \text{Bit} && |:8 \\ &= 18.662.400.000\ \text{Byte} && |:1.024 \\ &= 18.225.000\ \text{KB} && |:1.024 \\ &= 17.798\ \text{MB} && |:1.024 \\ &= 17{,}4\ \text{GB} \end{aligned}$$

Auf eine Video-DVD mit 4,7 GB würden also gerade einmal etwa 16 s Video passen, Sound ist dabei noch gar nicht berücksichtigt.

Berechnung der Datenrate (Bitrate)
Wenn Sie ein Video direkt via Internet übertragen wollen, ohne dass im Voraus das Video als Datei heruntergeladen werden muss, dann spielt die absolute Datenmenge keine Rolle. Für diesen Zweck interessiert uns die sogenannte *Daten- oder Bitrate*.

Die *Datenrate* gibt die Datenmenge an, die *pro Sekunde* anfällt. Sie besitzt die Einheit [Bit/s] oder [bps] (bit per second).

Datenrate (unkomprimiert) π

$$d_V = f_V \cdot B \cdot H \cdot F \quad [\text{Bit}]$$

f_V: Bildrate [Hz] = [1/s]
B: Bildbreite [px]
H: Bildhöhe [px]
F: Farbtiefe (Bit)

Beispielrechnung
Wir berechnen den Datenstrom des obigen Full-HD-Videos:

$$\begin{aligned} d_V &= 50\,\text{Hz} \cdot 1.920 \cdot 1.080 \cdot 24\ \text{Bit} \\ &= 2.488.320.000\ \text{Bit/s} && |:1.000^{1} \\ &= 2.488.320\ \text{kBit/s} && |:1.000 \\ &= 2.488\ \text{MBit/s} && |:1.000 \\ &= 2{,}49\ \text{GBit/s} \end{aligned}$$

Zum Vergleich: Die derzeit schnellste Internetanbindung für mobile Endgeräte heißt LTE Advanced und ermöglicht theoretisch 1 GBit/s, praktisch deutlich

1 Bei Datenraten wird üblicherweise mit Faktor 1.000 gerechnet, bei Datenmengen mit Faktor 1.024.

weniger. Sie erkennen an unserem Rechenbeispiel, dass eine effiziente *Datenkompression* bei Video unerlässlich ist, um dieses speichern und via Internet übertragen zu können.

3.2.6 Videokompression

Man muss wohl kein Prophet sein, um vorherzusagen, dass Videos auf DVD oder Blu-ray-Disc vermutlich vom Markt verschwinden werden. Die Zukunft von Video gehört – wie von Audio auch – den Online-Bibliotheken aus dem Internet. Neben kostenfreien Videoportalen wie *YouTube* oder *Vimeo* gibt es zahlreiche Anbieter wie *Amazon Video*, *Maxdome* oder *iTunes*, die ein direktes Abspielen von Videos gegen eine Nutzungsgebühr ermöglichen. Der Gang in eine Videothek oder der Kauf einer DVD oder Blu-ray wird somit überflüssig.

Derzeit gibt es allerdings noch ein großes technisches Hindernis: Wie die Beispielrechnung im letzten Abschnitt gezeigt hat, reichen die Datenraten im Internet nicht annähernd aus, um *hochaufgelöstes* Video abzuspielen.

Eine möglichst effiziente Datenkompression von Video wurde aus diesem Grund in den letzten Jahren zu einer zentralen Herausforderung. Dabei werden nicht nur eine, sondern eine Reihe von Maßnahmen getroffen:

1. Durch Farbunterabtastung (siehe Seite 42) lässt sich die Datenmenge halbieren.
2. Durch Verkleinerung der Auflösung z. B. von Full HD auf HD reduziert sich die Datenmenge um Faktor 2,25, von UHD-1 auf HD sogar um Faktor 16 (siehe Grafik).
3. Durch Auswahl eines geeigneten *Video-Codecs* lässt sich die Datenmenge deutlich reduzieren.

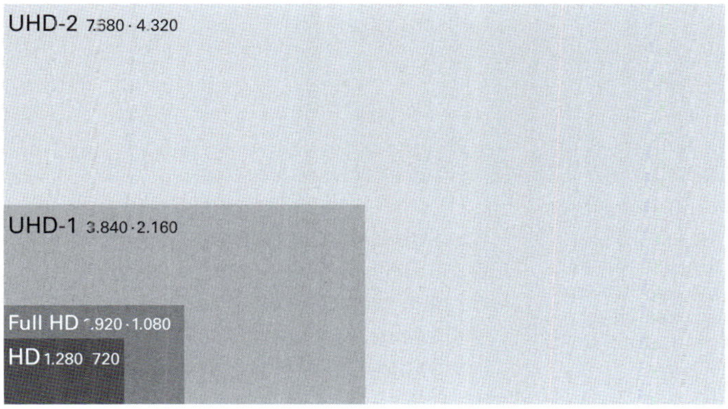

Datenmengen im Vergleich

Die Grafik veranschaulicht die starke Zunahme der Datenmenge bei Erhöhung der Auflösung:

- Full HD = 2,25 · HD
- UHD-1 = 9 · HD
- UHD-2 = 36 · HD

Codec

Das Kunstwort *Codec* setzt sich aus Compression und Decompression zusammen. Gemeint ist ein Verfahren, das die Datenmenge beim Speichern verringert, also komprimiert, und beim Abspielen wieder entpackt, also dekomprimiert. Die Soft- oder Hardware zum Komprimieren wird entsprechend als *Encoder* bezeichnet, während Soft- oder Hardware zum Abspielen den entsprechenden *Decoder* enthält. Letzterem muss es gelingen, das Video in Echtzeit zu decodieren, also typischerweise mit 25 Bildern pro Sekunde.

Das Angebot an Video-Codecs ist groß und verwirrend. Die Entscheidung für einen Codec hängt dabei von mehreren Faktoren ab:

- Welche Größe (Breite x Höhe) soll das Video erhalten?
- Welche Datenrate muss erzielt werden?
- Ist Video-Streaming, also das Abspielen von Video in Echtzeit, erforderlich?
- Welches Dateiformat wird benötigt?
- Sind Lizenzgebühren erforderlich, um den Codec nutzen zu dürfen, oder ist der Codec frei verfügbar?
- Welche Software (Decoder) benötigt der Nutzer, um das Video betrachten zu können?

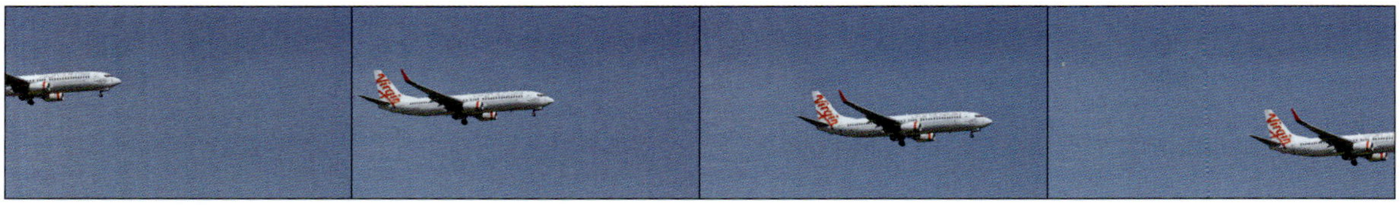

Zeitliche Kompression

Von Bild zu Bild ändert sich nur die Bewegung des Flugzeugs. Es genügt also, diese Information zu speichern.

Kompressionsverfahren

Zur effizienten Kompression von Video werden unterschiedliche Maßnahmen getroffen. Die Algorithmen sind mathematisch komplex – wir stellen Ihnen deshalb an dieser Stelle lediglich die Grundprinzipien vor: Betrachten Sie zu diesem Zweck die Bildfolge eines vorbeifliegenden Flugzeugs. Unkomprimiert würde jedes einzelne Bild komplett gespeichert werden. Da sich von Bild zu Bild jedoch relativ wenig verändert, würde sich hieraus eine unnötig hohe Datenmenge ergeben.

Räumliche Kompression

Bei der räumlichen Kompression findet die Datenreduktion innerhalb der einzelnen Bilder des Videos statt und wird deshalb auch als Intraframe-Kompression bezeichnet. Möglichkeiten sind:

- Bei der *Lauflängencodierung (RLE)* wird nach Farben geschaut, die sich häufig wiederholen, im Beispiel die Blautöne des Himmels. Statt nun jedes Pixel einzeln zu speichern, genügt es, den Farbwert und die Anzahl an Wiederholungen zu speichern. Diese Kompression ist verlustfrei, weil keinen Informationen verlorengehen.
- Bei der sogenannten *Huffmann-Codierung* wird ermittelt, wie häufig die Farben vorkommen. Danach können häufig vorkommende Farben (hier: Blautöne) mit einem kurzen Code und selten vorkommende Farben (hier: Rot, Weiß) mit einem längeren Code versehen werden. Auch diese Kompression ist verlustfrei.
- Eine dritte Möglichkeit, die bei *JPEG* zur Anwendung kommt, ist die Farbreduktion. Hierzu wird das Bild in Blöcke von beispielsweise 8 x 8 Pixel unterteilt und innerhalb dieser Blöcke auf Farben verzichtet, die kaum wahrgenommen werden. Wie Sie wissen, kann bei diesem Verfahren die Stärke der Kompression gewählt werden, wobei die Bildqualität umso schlechter wird, je höher die Kompressionsrate gewählt wird. Diese Methode bewahrt die Originaldaten nicht – Bildinformationen gehen verloren und können auch nicht wieder hergestellt werden. Es handelt sich deshalb um eine verlustbehaftete Kompression.

Zeitliche Kompression

Bei der zeitlichen Kompression werden Daten durch Vergleich der einzelnen Bilder entfernt. Man spricht deshalb auch von Interframe-Kompression.

- Das Prinzip hierbei ist, dass sich von Bild zu Bild nur kleine Bereiche im Bild verändern – im Beispiel oben verändert sich lediglich die Position des Flugzeugs. Da sich auch das Flugzeug selbst nicht verändert, genügt es, die Länge und Richtung zu speichern, um die sich das Flugzeug von Bild zu Bild verschiebt. (Für Mathematiker: gespeichert wird der *Bewegungsvektor*.)
- Nun kann es auch sein, dass das Flugzeug auf uns zufliegt und damit größer wird. Auch in diesem Fall muss nicht das gesamte Bild gespeichert

werden. Es genügt, die Unterschiede zum vorherigen Bild zu speichern *(Differenzcodierung)*.

Videokompression ist ein sehr rechenintensiver Prozess. Insbesondere wenn Video „live", also direkt nach dem Filmen encodiert werden muss, empfiehlt es sich, einen Hardware-Encoder einzusetzen, z. B. von *Matrox*, *Avid* oder *Enciris*.

MPEG

MPEG ist die Abkürzung für *Moving Picture Experts Group*, also eine Expertengruppe für Bewegtbilder, die sich seit über zwanzig Jahren mit der Datenkompression von Audio und Video beschäftigt und seither immer wieder verbesserte Verfahren veröffentlicht hat. Die aktuell wichtigsten MPEG-Codecs sind:

H.262 (MPEG-2)
Obwohl der Codec schon sehr alt ist und aus den Jahren 1994/95 stammt, kommt MPEG-2 auch heute noch bei DVD-Videos und Digitalfernsehen zum Einsatz.

H.264 (MPEG-4 AVC)
H.264 (AVC steht für Advanced Video Coding) ist eine erfolgreiche Weiterentwicklung von MPEG-2, die 2002 veröffentlicht wurde. Der Codec wird u. a. bei Videokonferenzen, HDTV, Blu-ray-Disc, Apple QuickTime und in Videoportalen eingesetzt.

H.265 (MPEG-H HEVC)
Der bereits 2013 veröffentlichte Codec H.265 (HEVC, High Efficiency Video Coding) ist immer noch State of the Art bei der Videokompression. Er stellt eine im Vergleich zu H.264 nochmals deutliche Reduktion der Datenraten in Aussicht. Die immer höheren Auflösungen (siehe Seite 45) machen dies allerdings auch erforderlich.

Grundprinzip der MPEG-Codierung
Eine bestimmte Anzahl an Bildern wird zu einer Gruppe (GoP, Group of Pictures) zusammengefasst. In der Grafik unten sind dies neun Bilder. Es werden drei Arten von Bildern unterschieden:

- *I-Frame (Intraframe)* **A**
  Bei I-Frames werden alle Bildinformationen gespeichert, wobei räumliche Kompression zum Einsatz kommt.
- *P-Frame (Predicted Frame)* **B**
  Bei diesen Bildern werden nur Bildinhalte gespeichert, die sich im Vergleich zum vorherigen P- oder I-Frame geändert haben. Bei einer Bewegung werden nicht die Bildinhalte selbst, sondern Bewegungsvektoren gespeichert, aus denen sich die Veränderung des Bildes errechnen lassen.
- *B-Frame (Bidirectional Predicted Frame)* **C**
  Bei B-Frames werden noch weniger Bildinformationen gespeichert. Zur Darstellung des Bildes wird das vorherige und nachfolgende P- oder I-Frame herangezogen. Es handelt sich also um eine rechnerische Interpolation des Bildes.

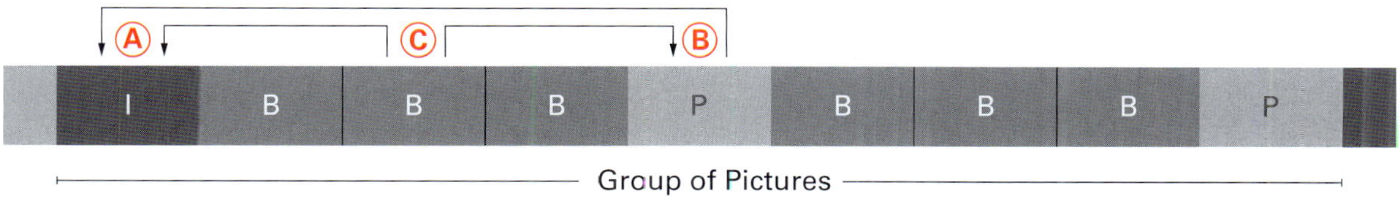

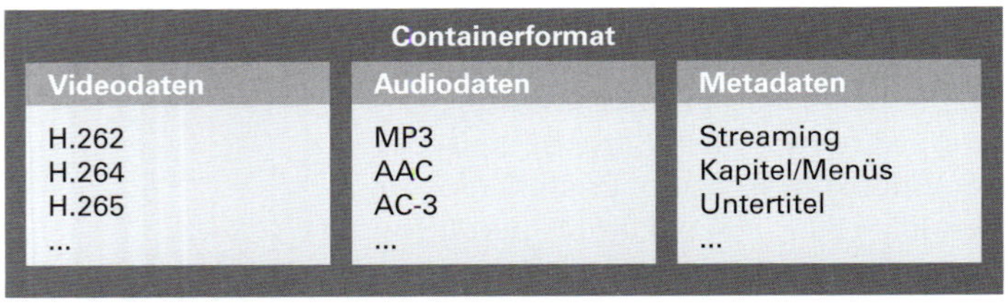

Containerformat

Neben den eigentlichen Videodaten werden der Ton und weitere Informationen über das Video gespeichert.

3.2.7 Videoformate

Containerformate

Wie die Grafik unten zeigt, enthalten Videodateien nicht nur Videodaten, sondern Audiodaten für den Ton, der auch mehrsprachig sein kann, und Metadaten wie z. B. Untertitel oder Streaming-Informationen. Aus diesem Grund spricht man hierbei auch von *Containerformaten*. Auch bei PDF handelt es sich um ein Containerformat, da es Texte, Bilder, Schriften und andere Daten integriert.

Verwirrend ist, dass die Container verschiedene Audio- und Video-Codecs integrieren können. So kann es sein, dass sich bei zwei Videodateien mit identischer Dateiendung, z. B. .mpeg, eine nicht abspielen lässt. Ursache: Der benötigte Decoder fehlt dem Player. Bei der Videoproduktion kommt es also nicht nur darauf an, in welchem Dateiformat Sie Ihre Videos produzieren, sondern immer auch, welche Codecs Sie einsetzen. Die zurzeit wichtigsten Containerformate stellen wir kurz vor (siehe auch Tabelle).

MPEG-2 (.mpg, .mpeg, .m2v)

Bei MPEG-2 handelt es sich nicht nur, wie im letzten Abschnitt beschrieben, um einen Video-Codec, sondern auch um ein Containerformat. Obwohl etwas in die Jahre gekommen, ist das Format auch heute noch von Bedeutung, weil DVD-Videos nach diesem Standard produziert werden. Auch HD-Fernsehen sendet im MPEG-2-Format.

MPEG-4 (.mp4)

MPEG-4 ist das derzeit mit Abstand wichtigste Video-Containerformat. Wie im Abschnitt über die Video-Codecs erläutert, ist H.264 zumindest momentan eines der besten Verfahren zur Videokompression, so dass MPEG-4 in der nächsten Zeit weiterhin eine zentrale Rolle spielen dürfte.

Windows Media (.wmv)

Bei Windows Media handelt es sich um ein komplettes Multimedia-Konzept, dessen Videoanteil WMV und Audioanteil WMA heißt. Zum Abspielen der Video- oder Audiodateien stellt Microsoft den *Windows Media Player* zur Verfügung.

Aktuelle Containerformate

Name	Dateiendung	Video-Codec	Audio-Codec	Einsatzbeispiele
MPEG-2	.mpeg .mpg .m2v	MPEG-2 (H.262)	MPEG Audio	DVD-Video Blu-ray-Disc HD-Video
MPEG-4	.mp4	H.264 H.265	AAC Dolby Digital MPEG Audio	Blu-ray-Disc Video für mobile Endgeräte YouTube-Videos Full-HD-Video UHD-Video (4K, 8K)
Windows Media	.wmv	Windows Media Video	Windows Media Audio	HD-Video Full-HD-Video

3.2.8 AV-Streaming

Der Kauf des Videoportals YouTube für 1,65 Milliarden Dollar durch Google dürfte der beste Beweis dafür sein, wie wichtig Video im Internet geworden ist. Breitbandanschlüsse mit mehreren Megabit/s machen dies möglich, und so ist es nur eine Frage der Zeit, bis wir Video und Fernsehen in Full HD oder sogar in UHD via Internet betrachten werden.

Progressive Download

Das Video lässt sich bereits während des Downloads abspielen. Als Nutzer können Sie das Video jederzeit unterbrechen oder an einer anderen Stelle fortsetzen.

Möglichkeiten

Für das Betrachten von Videos aus dem Internet stehen prinzipiell drei Möglichkeiten zur Verfügung:

- *Download*
  Der Nutzer lädt die Video- oder Audiodatei herunter und spielt sie dann in seinem Player ab. Dieses Verfahren ist aus rechtlicher Sicht problematisch: Während das Abspielen von Video in der Regel urheberrechtlich in Ordnung ist, dürfen Audio- oder Videodateien nicht gespeichert werden, ohne dass hierfür eine Lizenz erworben wurde. Diese Lizenz erhält man beispielsweise durch den Kauf einer Audio-CD oder DVD.
- *Progressive Download (On-Demand-Streaming)*
  Die meistgenutzte Variante der Übertragung von Sound oder Video über das Internet ist der sogenannte progressive Download. Die Idee besteht darin, mit dem Abspielen der Audio- oder Videodaten bereits während des Downloads zu beginnen. Videoanbieter wie YouTube oder Vimeo machen sich also zunutze, dass die AV-Daten dabei nicht dauerhaft, sondern nur zwischengespeichert werden. Dies ist aus urheberrechtlicher Sicht in Ordnung. Da die Nutzer über unterschiedliche Internetanbindungen verfügen, werden die Videos in unterschiedlichen Qualitäten zur Verfügung gestellt und die maximal mögliche Auflösung wird automatisch ausgewählt **A**. Ein weiterer Vorteil des progressive Downloads ist, dass der Nutzer per Schieberegler **B** an die gewünschte Stelle springen kann.
- *(Live-)Streaming*
  Der Begriff Streaming im engeren Sinne bezeichnet das Übertragen und Abspielen des AV-Datenstroms in Echtzeit, also live. Aufgrund des hohen technischen Aufwands ergibt sich allerdings ein Zeitversatz von wenigen Sekunden. Wer also Fußball über das Internet schaut und den Fernseher des Nachbarn hört, wird von einem Tor erfahren, bevor er es sieht … ;-)

Technisches Prinzip

Im ersten Schritt fragt der Client einen Datenstrom an. Für die Kommunikation mit dem Server gibt es spezielle Protokolle wie RTSP (Real-Time Streaming Protocol). Der Server reagiert und tauscht die zur Übertragung benötigten Informationen aus.

Die ersten Sekunden des eigentlichen AV-Datenstroms werden als Puffer (Buffer) im Arbeitsspeicher des

(Live-)Streaming
Der Datenstrom wird in Echtzeit aufgenommen, encodiert, übertragen und decodiert. Der Zeitversatz beträgt nur wenige Sekunden.

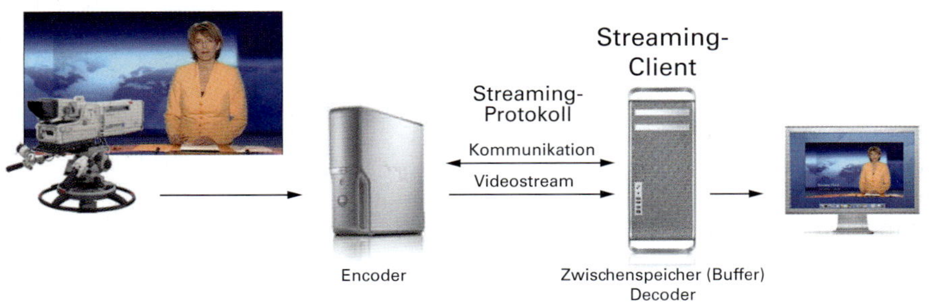

Clients gespeichert, damit es beim Abspielen zu keinen Unterbrechungen kommt. Im Unterschied zum Download werden jedoch keine Daten auf der Festplatte gespeichert.

Durch fortlaufende Kommunikation zwischen Server und Client lässt sich die Bitrate optimieren. Auf diese Weise können Videostreams in verschiedenen Auflösungen und Qualitätsstufen zur Verfügung gestellt werden.

Um Streaming auch noch zu bewältigen, wenn Tausende von Nutzern gleichzeitig zugreifen, können sich mehrere Server zu einer Cloud zusammenschließen und die Streams unter sich aufteilen.

Der entscheidende Parameter für die Übertragungsrate der Verbindung zwischen Sender und Empfänger ist die Datenrate. Da die Verbindungen ins Internet immer besser werden, ist (On-Demand- oder Live-)Streaming aktuell bis zur Full-HD-Auflösung möglich.

Anwendungen

Abschließend einige Anwendungsmöglichkeiten von Streaming bzw. progressive Download:

- *Videoportale*
  Jeder kennt und nutzt heute Videoportale wie *YouTube*, *MyVideo* oder *Netflix*.
- *Internet TV*
  Mittlerweile werden alle öffentlich-rechtlichen Sender live über das Internet gesendet. Darüber hinaus können Sie über Mediatheken auf ältere Sendungen zugreifen. Die Nutzung ist mit der Rundfunkgebühr abgegolten. Eine gute Übersicht über die verfügbaren Senden bietet Zattoo (zattoo.com).
- *Video-on-Demand (VoD)*
  Bei *maxdome*, *Netflix*, *Amazon Video* u. a. können Sie gegen Gebühr Kinofilme und TV-Produktionen über das Internet betrachten oder downloaden. Umfassende Informationen finden Sie unter www.video-on-demand.info.
- *Streaming im Intranet*
  Über das Intranet von Firmen und Hochschulen lassen sich Videokonferenzen, Schulungen, Vorlesungen oder Präsentationen durchführen.
- *Bildtelefonie*
  Internetdienste wie *Skype* machen den Computer zum (kostenlosen) Bildtelefon.

3.2.9 Tonsysteme

Während Sie den Ton Ihres Videos in der Regel mit nur einem Mikrofon (Mono) aufzeichnen, erfreuen sich Mehrkanalsysteme nicht nur im Kino, sondern auch im Wohnzimmer großer Beliebtheit, da sie einen realistisch klingenden Raumklang ermöglichen.

Heutige Tonstandards arbeiten mit bis zu acht Kanälen (7.1). Unterschieden werden hierbei:

- *Front-Lautsprecher*
  vorne links, vorne rechts und vorne mittig (Center)
- *Rear-Lautsprecher*
  hinten links, hinten rechts und hinten ein oder zwei mittig platzierte Lautsprecher
- *Subwoofer*
  kann beliebig platziert werden, da sich Bässe in alle Richtungen ausbreiten.

Durch Kombination der genannten Lautsprecher ergeben sich diverse Variationsmöglichkeiten:

1.0 (Mono)

Ein Monosignal besitzt lediglich einen Kanal und benötigt zur Wiedergabe deshalb auch nur einen Lautsprecher. Häufig werden Monosignale jedoch über zwei Lautsprecher wiedergegeben, wobei jeder Lautsprecher das identische Signal liefert.

2.0 (Stereo)

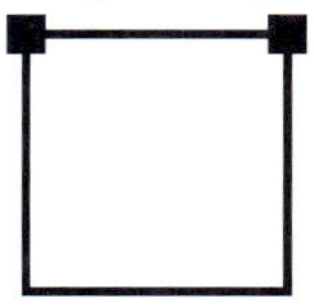

Das von der Audio-CD vertraute Stereosignal arbeitet mit zwei Kanälen, so dass zur Wiedergabe zwei Lautsprecher verwendet werden.

5.1

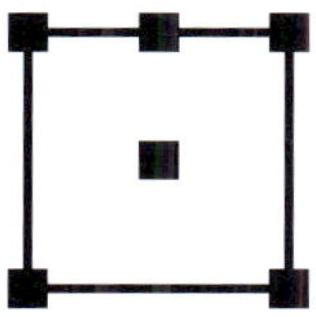

Das bei DVD-Videos und Blu-ray-Disc am häufigsten verwendete Tonsystem ist 5.1 mit fünf regulären Kanälen und einem Subwoofer-Kanal für die Bässe.

Dolby Digital

Dolby-Digital (auch: AC-3) ist ein weit verbreitetes Mehrkanal-Tonsystem, das auf DVDs, Blu-ray-Discs, im Kino und digitalen Fernsehen zum Einsatz kommt. Während Dolby Digital 5.1 die größte Verbreitung besitzt, gibt es weitere Systeme wie Dolby Digital Plus mit bis zu 8 Kanälen (7.1).

Die aktuelle Entwicklung von Dolby heißt *AC-4*. Hiermit soll sich auch die Klangqualität von Kopfhörern und von kleinen Lautsprechern auf mobilen Endgeräten verbessern.

DOLBY DIGITAL

DTS

Das Digital Theater System wurde – wie der Name sagt – als Kinostandard entwickelt. Erster DTS-vertonter Film war Steven Spielbergs „Jurassic Park" im Jahr 1993. Mittlerweile kommt DTS aber auch im Heimkino zum Einsatz.

DTS ist wie Dolby Digital ein Mehrkanalformat, das bis zu acht Kanäle enthalten kann. Meist kommt das 5.1-Format zum Einsatz.

DIGITAL dts SURROUND

THX

Die Abkürzung THX stammt von Tomlinson Holman (X vermutlich aus Experiment), dem damaligen technischen Leiter von Lucasfilm. THX ist kein eigener Tonstandard, sondern ein Qualitätszertifikat für das Tonwiedergabesystem im Kino. Regisseur George Lucas wollte damit erreichen, dass (seine) Filme in allen Kinos klanglich vergleichbar sind.

THX®

3.3 Aufgaben

1 Video-Kennwerte verstehen

In einem Videoschnittprogramm können Sie zwischen 720/50i und 1.080/25p wählen.

a. Erklären Sie die Bedeutung von 720/50i.

720:

50i:

b. Erklären Sie die Bedeutung von 1.080/25p.

1.080:

25p:

c. Für welches Format entscheiden Sie sich, wenn Sie ein Full-HD-Video produzieren wollen (mit Begründung)?

2 Fernsehstandards kennen

Auf Ihrem Fernseher befindet sich folgender Aufkleber:

a. Erklären Sie die Bedeutung des Logos.

b. Begründen Sie kurz, weshalb ein Ultra-HD-Fernseher aktuell wenig Vorteile bringt.

3 Mit Seitenverhältnissen rechnen

Für ein 16:9-Video auf einer Webseite ist eine Breite von 800 Pixel verfügbar.

a. Berechnen Sie die Höhe des Videos.

b. Berechnen Sie die Höhe, wenn das Video im CinemaScope-Format (21:9) gespeichert werden soll.

4 Farbunterabtastung verstehen

a. Erklären Sie, weshalb bei der Videodigitalisierung auf Farben verzichtet wird (Farbunterabtastung), auf Helligkeitsunterschiede jedoch nicht.

b. Erklären Sie die Angabe 4:1:1.

c. Um wie viel Prozent reduziert sich die Datenmenge bei b im Vergleich zur Videodigitalisierung ohne Farbunterabtastung (4:4:4)?

5 Datenmenge berechnen

Eine Camcorder zeichnet mit einer konstanten Datenrate von 25 MBit/s (= 25.000.000 Bit/s) auf.

a. Berechnen Sie die unkomprimierte Datenmenge in GB eines 30-minütigen Videos.

b. Für den Upload empfiehlt YouTube bei 1.080/25p eine Datenrate von 8 MBit/s. Berechnen Sie den erforderlichen Kompressionsfaktor.

6 Datenstrom berechnen

Ein Video soll im Internet abspielbar sein.

- Format: Full HD (1.920 · 1.080 px)
- Bildrate: 50p

a. Berechnen Sie den Datenstrom in MBit/s.

b. Für die Wiedergabe wird eine Internetverbindung mit (erreichbaren) 8 MBit/s vorausgesetzt. Berechnen Sie den Kompressionsfaktor x : 1, damit der Film abspielbar ist.

7 Videokompression verstehen

Erklären Sie den Unterschied:
a. Räumliche Kompression

b. Zeitliche Kompression

8 Fachbegriffe der Videokompression erklären

Definieren Sie (kurz) folgende Fachbegriffe:
a. Video-Codec

b. Bildrate

c. Daten- oder Bitrate

d. Containerformat

9 Containerformate kennen

a. Nennen Sie zwei wichtige Containerformate für Video.

1.

2.

b. Geben Sie die unter Windows notwendigen Dateiendungen an.

1.

2.

10 MPEG-Kompression erklären

Erklären Sie in einem Satz, wie die Bilder bei MPEG gespeichert werden.
a. I-Frame

b. P-Frame

c. B-Frame

11 Videoübertragung im Internet kennen

a. Erklären Sie den Unterschied zwischen „Streaming" und „Progressive Download".

Streaming:

Progressive Download:

b. Nennen Sie für beide Verfahren ein Anwendungsbeispiel.

Streaming:

Progressive Download:

12 Tonformate kennen

Eine Blu-ray-Disc liefert einen 5.1-Mehrkanalton. Zeichnen Sie in die Grafik ein, wie die Lautsprecher platziert werden sollten.

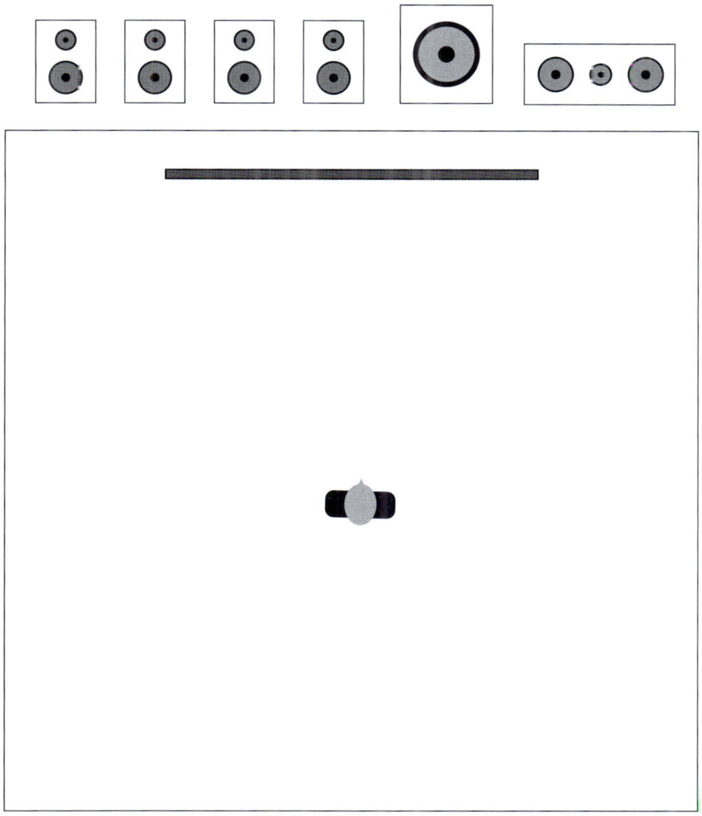

4.1 Kamera

Die Entscheidung für eine Kamera ist nicht einfach: Abgesehen von semiprofessionellen oder professionellen Videokameras, über die wir in diesem Buch nicht sprechen, gibt es für den Consumerbereich eine große Auswahl sogenannter *Camcorder.*

Nicht nur (Hobby-)Fotografen, sondern zunehmend auch Videofilmer setzen ihre *digitale Spiegelreflexkamera* oder *Systemkamera* zum Filmen ein.

Und schließlich hat jeder von uns ein Smartphone, dessen Topmodelle mit beachtlichen technischen und optischen Eigenschaften ausgestattet sind.

Bevor wir uns mit den Vor- und Nachteilen der Geräte beschäftigen, werfen wir einen Blick auf die wichtigsten Kennwerte, die Sie bei einer Kaufentscheidung kennen und berücksichtigen sollten.

4.1.1 Kennwerte

Bildsensor

Das Herzstück jeder Kamera ist ihr Bildsensor. Er dient zur Umwandlung des einfallenden Lichts in elektrische Signale, die im nächsten Schritt digitalisiert und Pixel für Pixel gespeichert werden. Die Qualität eines Bildsensors bestimmt sich im Wesentlichen durch zwei Kennwerte:

- *Sensorgröße*
  Je größer der Sensor ist, umso besser ist seine Qualität im Bereich der Schärfentiefe. Die Grafik stellt die Sensoren in Originalgröße dar. Kleinbildsensoren werden v. a. bei Spiegelreflexkameras und Systemkameras eingebaut, da diese vorwiegend für die Fotografie gedacht sind. Ein großer Sensor verteuert die Kamera deutlich. In Smartphones sind schon aus Platzgründen kleinere Sensoren verbaut.
- *Pixelzahl*
  Sie errechnet sich durch Multiplikation der Pixel in der Breite mal Pixel in der Höhe und wird in Megapixeln angegeben. Beispiel: Für die Auflösung UHD-1 (siehe Seite 43) benötigt der Sensor mindestens:
  `3.840 · 2.160 px`
  `= 8.294.400 px`
  `= 8,3 Megapixel`
  Aktuelle Kameras überschreiten diesen Wert und bieten 12, 16 oder mehr Megapixel.

Sensorgrößen

A Kleinbild (36 x 24 mm)
B APS-C (22,2 x 14,8 mm)
C 2/3" (8,8 x 6,6 mm)
D 1/2,5" (5,8 x 4,3 mm)

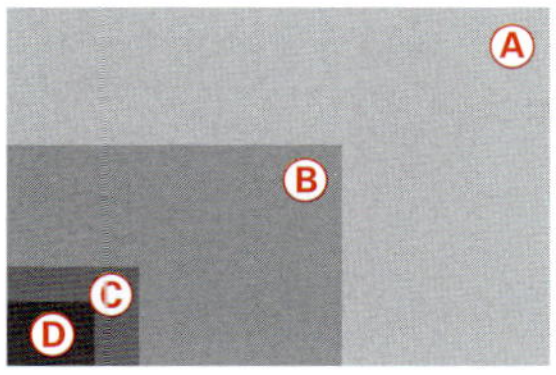

Objektiv

Das Objektiv ist neben dem Bildsensor das Bauteil, bei dem Sie richtig Geld ausgeben können. Der Grund ist, dass das Herstellen hochwertiger Linsensysteme ein aufwändiger Prozess ist. Die wichtigsten Kennwerte von Objektiven sind:

- *Brennweite*
  Die Brennweite gibt den Abstand zwischen der Hauptebene einer optischen Linse und dem Brennpunkt in Millimetern (mm) an. Mit der Brenn-

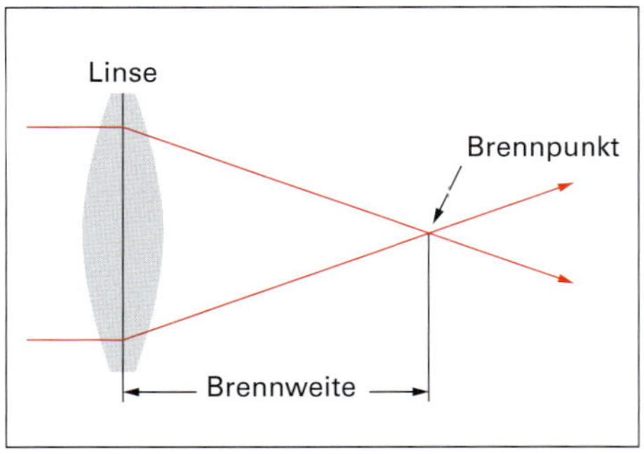

P. Bühler, P. Schlaich, D. Sinner, *AV-Medien*, Bibliothek der Mediengestaltung,
https://doi.org/10.1007/978-3-662-54605-5_4

weite legen Sie den Bildwinkel, also den Bildausschnitt fest: Je kleiner die Brennweite ist, um größer ist der Bildwinkel und umgekehrt. Bei einer Brennweite von 50 mm spricht man von einem *Normalobjektiv*, darüber von einem *Teleobjektiv* und darunter von einem *Weitwinkelobjektiv* (siehe Grafik rechts). Es gibt bereits Smartphones, die mit zwei Objektiven unterschiedlicher Brennweite ausgestattet sind. Bei *Zoomobjektiven* kann die Brennweite am Objekt manuell verändert werden – dies hat seinen Preis. Beachten Sie aber, dass ausschließlich optisches Zoomen von Bedeutung ist, digitales Zoomen rechnet das Bild einfach groß und verschlechtert damit die Bildqualität.

- *Blende*
  Die Blende ist die verstellbare Öffnung des Objektivs, durch die Licht auf die Bildebene fällt. Ihre Größe wird durch die Blendenzahl k angegeben. Die Blendenreihe ist international genormt: 1 – 1,4 – 2– 2,8 – 4 – 5,6 – 8 – 11 – 16 – 22
  Je kleiner die Blendenzahl ist, umso größer ist die Blendenöffnung und umgekehrt (siehe Grafik). Bei einer kleinen Blendenzahl (große Blendenöffnung) kommt viel Licht in das Objektiv, allerdings nimmt dann der Bereich ab, in dem die Objekte scharf abgebildet werden (Schärfentiefe). Um einen möglichst großen Bereich scharf abzubilden, muss die Blendenzahl als groß sein.
- *Lichtstärke*
  Die Lichtstärke ist ein drittes Qualitätskriterium eines Objektivs. Als Maß für die Lichtstärke wird das Verhältnis des Durchmessers der Objektivöffnung und der Brennweite des Objektivs genommen. Beispiel: Bei einer Öffnung von 35,7 mm und einer Brennweite von 50 mm ergibt sich eine Lichtstärke von 1 : 1,4. Verdoppelt sich die Brennweite auf 100 mm, halb ert sich die Lichtstärke auf 1 : 2,8. Je größer die Lichtstärke ist, umso besser ist es. Typische Werte liegen zwischen 1 : 1,4 und 1 : 5,6.

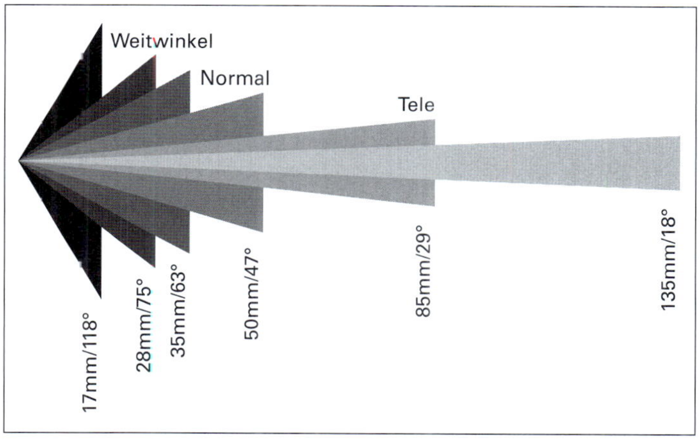

Brennweite und Bildwinkel

Die Angaben beziehen sich auf eine Kamera mit Kleinbildsensor. Bei kleineren Sensoren muss der sogenannte Crop-Faktor berücksichtigt werden.

Display

Während Fotografen gerne mit einem optischen Sucher arbeiten, eignet sich dieser für Filmaufnahmen wenig. Hierfür ist ein möglichst großes Display mit einer Auflösung von mindestens HD (1.080 · 720 Pixel), besser Full HD (1.920 · 1.080 Pixel), vorzuziehen.

Speicher

Die Zeit der Bänder ist vorbei, alle heutigen Kameras zeichnen auf Speicherkarten auf. Dass es hierbei unter-

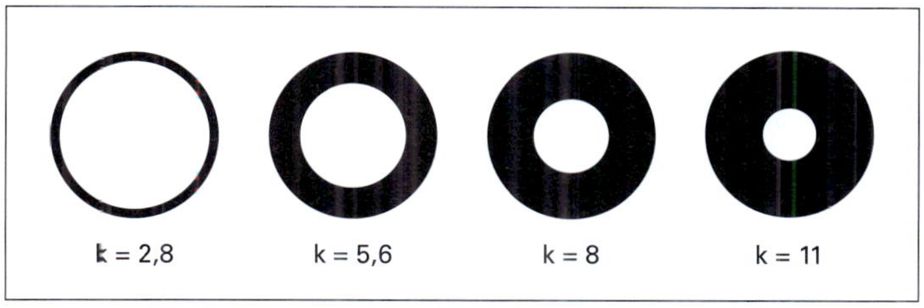

Blende

Je größer die Blendenzahl k ist, umso kleiner ist die Blendenöffnung.

Stativ

Ein gutes Stativ hat seinen Preis, ist aber für professionelle Aufnahmen unerlässlich.

schiedliche Formate gibt, macht für den Anwender keinen großen Unterschied. Wichtiger ist, dass die Speicherkarte über eine möglichst große Speicherkapazität von 128 GB oder höher verfügt.

Bildstabilisator

Je kleiner ein Gerät ist, umso eher besteht die Gefahr, dass die Aufnahme durch unruhige Handbewegungen verwackelt. Bildstabilisatoren schaffen hier Abhilfe und sind in heutigen Kameras standardmäßig verbaut. Unterschieden werden optische und elektronische Stabilisatoren.

Autofokus

Auch das automatische Scharfstellen ist bei heutigen Kameras Standard. Der automatische Fokus ist zwar einerseits eine Hilfe, andererseits geben Sie die Kontrolle dabei ab. Zumindest im semiprofessionellen und professionellen Bereich besteht daher der Wunsch, die Schärfe manuell einstellen zu können.

Mikrofon

Zur Tonaufnahme besitzen alle Kameras ein mehr oder weniger gutes eingebautes Mikrofon. Eine bessere Tonqualität kann nur erzielt werden, wenn Sie ein externes Mikrofon anschließen können, das näher am Ort des Geschehens platziert wird.

Akku

Für den „Außendreh" ist ein langlebiger Akku erforderlich, außerdem sollten Sie immer einen Ersatz-Akku in der Tasche haben.

Größe und Gewicht

Je kleiner und leichter, umso handlicher ist eine Kamera. Hier punkten Smartphone-Kameras, die Sie problemlos auch als Mountainbiker oder Freeclimber nutzen können. Durch die oben erwähnten Bildstabilistoren können auch Aufnahmen trotz (unruhiger) Bewegung gelingen. Für Aufnahmen mit ruhender Kamera sollte ein gutes Kamerastativ jedoch auf jeden Fall zu Ihrer Ausstattung gehören. Alternativ gibt es auch für Camcorder und Smartphones Halterungen, die an der Hüfte befestigt oder in der Hand gehalten werden und die ein ruhiges Halten der Kamera ermöglichen. Man bezeichnet diese als *Steadicam*.

Steadicam

Anschlüsse

Die Verbindung der Kamera mit dem Computer erfolgt heute meistens über USB. Bessere Kameras haben zusätzlich eine HDMI-Schnittstelle, über die sie z. B. an einen HDMI-fähigen Recorder oder Monitor angeschlossen werden können.

Zum Anschluss eines externen Mikrofons sollte die Kamera über Audio-Klinke verfügen.

Anzahl an Kameras
Mit nur einer Kamera werden Sie relativ schnell an Grenzen stoßen. Nehmen Sie an, dass ein Interview gefilmt werden soll: Um den Moderator, die interviewte Person und vielleicht noch beide zusammen zu filmen, benötigen Sie bereits drei Kameras. Bevor Sie viel Geld in eine sehr gute Kamera investieren, wäre also zu überlegen, ob für das gleiche Budget nicht besser zwei oder drei einfachere Modelle gekauft werden.

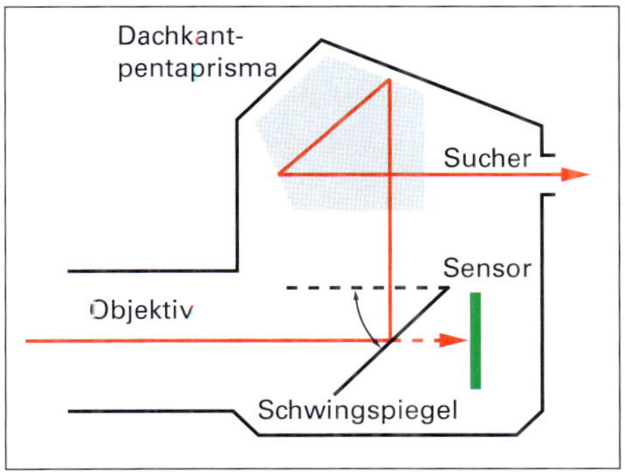

Strahlengang einer Spiegelreflexkamera (DSLR)

4.1.2 Camcorder

Klein, leicht, günstig – Camcorder, also eine Kombination aus Camera und Recorder, haben den Markt erobert. Auch wenn die Produkte nicht an „Profigeräte" herankommen, bieten heutige Geräte eine erstaunliche Qualität. Und da es in diesem Buch nicht um die Film- und Fernsehproduktion geht, dürfte diese Qualität in der Regel ausreichen.

Camcorder bieten im Vergleich zu Smartphones oder Digitalkameras den Vorteil, dass sie für das Videofilmen optimiert sind und nützliche Features haben, die den anderen Geräten fehlen. Ein Beispiel ist die *Zoomwippe*, ein Taster, mit dem die Brennweite der Kamera stufenlos und erschütterungsfrei verändert werden kann.

Heute sind gute Camcorder in der Preisklasse um die 1000 Euro erhältlich. Vor dem Kauf empfiehlt es sich, im Internet die aktuellen Tests und Bestenlisten anzusehen.

4.1.3 Digitalkamera

Videofilmen ist beliebt – und davon möchten auch die Anbieter digitaler Fotokameras profitieren.

Bei Digitalkameras wird zwischen *Spiegelreflexkameras* (Digital Single Lens Reflex, *DSLR*) und *Systemkameras* (Digital Single Lens Mirrorless, *DSLM*) unterschieden. Der Unterschied besteht darin, dass Spiegelreflexkameras über einen optischen Sucher verfügen, der einen direkten Blick auf das Motiv ermöglicht (siehe Grafik oben). Nach Betätigung des Auslösers wird der Spiegel für kurze Zeit nach oben geklappt, so dass das Licht auf den Bildsensor fällt. Der optische Sucher ist bei Fotografen sehr beliebt, für Videoaufnahmen wird er nicht benötigt.

Bei Systemkameras (DSLM) wird auf einen optischen zugunsten eines elektronischen Suchers verzichtet. Dies macht sie preislich attraktiv, so dass sie eine gute Alternative zu Camcordern sind

Digitalkameras (DSLR und DSLM) überzeugen durch einen großen Bildsensor und durch eine große Auswahl an (Wechsel-)Objektiven. Preislich liegen viele Modelle allerdings höher als Camcorder.

4.1.4 Smartphone

Heute besitzt eigentlich jeder eine Videokamera: Neuere Smartphones enthalten hochauflösende Displays und teilweise zwei eingebaute Objektive. Darüber hinaus gibt es zahlreiche

Apps, die den Videofilmer unterstützen. Dennoch handelt es sich um Multifunktionsgeräte, die nicht speziell für den Videofilm konzipiert werden, denken Sie beispielsweise an die Zoomfunktion. Wer das Filmen zu seinem Hobby oder Beruf machen will, wird deshalb über kurz oder lang auf eine Alternative zurückgreifen.

4.1.5 Kameravergleich

In der Tabelle finden Sie eine Gegenüberstellung der oben beschriebenen Kameratypen. Damit Sie die Geräte besser vergleichen können, haben wir jeweils ein Modell ausgesucht, das Video in der 4K-Auflösung (UHD-1) aufzeichnen kann (siehe Seite 43). Preislich ist das Smartphone die günstigste, die Spiegelreflexkamera die teuerste Kamera, was unter anderem am großen Bildsensor der DSLR liegt. Vorsicht: Die Preisangaben bei Digitalkameras beziehen sich eventuell nur auf das Gehäuse, also noch ohne Objektiv.

Beachten Sie aber bitte, dass es sich bei den in der Tabelle vorgestellten Geräten um keine Kaufempfehlung handeln kann, denn bis dieses Buch erscheint, gibt es möglicherweise wieder bessere Geräte.

Technische Daten der unterschiedlichen Kameratypen

Kameras – Vergleich der technischen Daten

Kameratyp	Camcorder	Spiegelreflexkamera	Systemkamera	Smartphone
Modell	Sony FDR-AX53	Nikon D500	Panasonic Lumix DMC-G81	Sony Xperia XZ Premium

Bildsensor	1/2,3"	23,5 · 15,7 mm	17,3 · 13 mm	1/2,3"
Pixelzahl	8,29 Megapixel	20,7 Megapixel	15,8 Megapixel	19,2 Megapixel
Sucher	elektronisch	optisch	elektronisch	–
Objektiv	26,8-mm-Weitwinkel 20-facher optischer Zoom	Wechselobjektive	Wechselobjektive	25-mm-Weitwinkel 8-fach Digitalzoom
Videoauflösung	3.840 · 2.160 px	3.840 · 2.160 px	3.840 · 2.160 px	3.840 · 2.160 px
Max. Auflösung	3.840 · 2.160 px	5568 · 3712 px	4592 · 3448 px	3.840 · 2.160 px
Display	2,95" – schwenkbar 921.600 px	3,2" Touchscreen schwenkbar 2.359.000 Subpixel	3" Touchscreen schwenkbar 1.040.000 Subpixel	5,5" Touchscreen – 8.294.400 px
Weißabgleich	automatisch manuell	automatisch manuell	automatisch manuell	automatisch manuell
Akkulaufzeit (Video)	k.A.	1:46 h	1:40 h	8:26 h
Mikrofonanschluss	ja	ja	ja	nein
Speicherkarte	SDHC SDXC	XQD	SDXC	MicroSDXC

Ein gut gesetztes Licht ist daran erkennbar, dass die Lichtsituation vom Betrachter als logisch und natürlich empfunden wird. Da die Bildsensoren der Kameras sehr lichtempfindlich sind (hohe ISO-Werte besitzen), geht es dabei weniger darum, das Bild aufzuhellen, sondern eher darum, Überbelichtungen zu vermeiden.

Wenn Sie beispielsweise in einem dunklen Raum filmen, dann könnte die Kamera das restliche Licht zwar verstärken und die Szene aufhellen, alle helleren Stellen wie Fenster oder vorhandene Beleuchtung im Raum würden dann aber überbelichtet. Der Hell-Dunkel-Kontrast ginge verloren und das Bild würde „flach" wirken.

Der Einsatz von Licht dient also vor allem dazu, für eine insgesamt gute Ausleuchtung zu sorgen, um einen guten Hell-Dunkel-Kontrast zu erzielen. Darüber hinaus wird Licht dazu eingesetzt, um Stimmungen zu erzeugen und damit zur Dramaturgie beizutragen.

4.2.1 Weißabgleich

Licht ist nicht gleich Licht. Die Farbigkeit von Licht wird durch die *Farbtemperatur* beschrieben. Sie wird in Kelvin [K] gemessen. Hohe Farbtemperaturen lassen das Licht bläulich wirken, niedrige führen zu gelblichem Licht.

- 10.000 K: Blauer Himmel
- 8.000 K Bedeckter Himmel
- 6.000 K: Mittagssonne
- 5.000 K: Morgen-/Abendsonne
- 4.000 K: Leuchtstofflampe
- 2.800 K: Glühlampe
- 1.500 K: Kerze

Unser Auge kann sich an diese großen Unterschiede rasch anpassen – eine Kamera kann dies nicht. Aus diesem Grund ist es unerlässlich, vor einer Aufnahme einen sogenannten Weißabgleich (White Balance, WB) durchzuführen. Dabei passt sich die Kameraelektronik an das vorhandende Licht an. Dies kann automatisch erfolgen (AWB **A**), was aber unter Umständen zu einem unbefriedigenden Ergebnis führen kann, weil die Aufnahme zu bläulich oder zu gelblich wirkt. In diesem Fall hilft ein manueller Weißabgleich.

Manueller Weißabgleich – Making of ...
Für den manuellen Weißabgleich können Sie eine spezielle Graukarte kaufen. Zur Not reicht aber auch ein weißes Blatt Papier.

1 Begeben Sie sich an den Ort, an dem Sie die Aufnahme machen werden. Handelt es sich um einen Innenraum, muss zunächst das Lichtsetting gemacht werden (siehe nächster Abschnitt).

Manueller Weißabgleich
Der Screenshot zeigt die Einstellung bei einer Spiegelreflexkamera Canon EOS.

2 Halten Sie die Graukarte oder das weiße Papier an die Stelle, an der sich später das Motiv befindet.

3 Machen Sie ein Foto, auf der nur die Graukarte bzw. das Papier formatfüllend zu sehen ist.

4 Stellen Sie den Weißabgleich auf Manuell **B** um.

5 Rufen Sie das Kameramenü auf und suchen Sie die Einstellung für den Weißabgleich (hier: Custom WB).

6 Wählen Sie nun das eben erstellte Foto als Referenzbild aus. Die Kamera passt nun die Aufnahme an die vorhandene Farbtemperatur an.

7 Bei Aufnahmen im Freien ändert sich das Licht im Tagesverlauf, so dass Sie den Weißabgleich von Zeit zu Zeit wiederholen sollten. Andernfalls würde die sich ändernde Lichtstimmung auf den Zuschauer irritierend wirken.

Drei-Punkt-Ausleuchtung
Damit die Leuchten nicht blenden, sollten sie auf einem Stativ befestigt werden und das Set von schräg oben beleuchten.

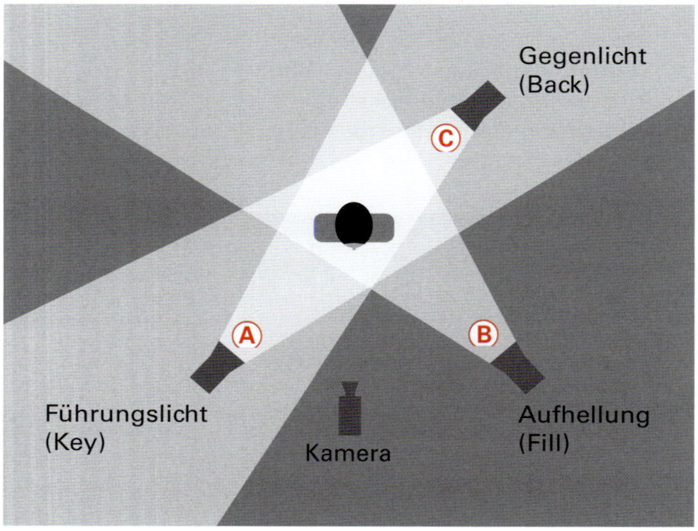

LED-Panel Modell: Yongnuo YN900 Pro

4.2.2 Licht in Räumen

Zur Beleuchtung von Personen in Innenräumen werden typischerweise drei Leuchten (auf Stativen) eingesetzt. Als ideal hierfür erweisen sich LED-Leuchten, da sie wenig Strom brauchen, nicht warm werden und eine lange Lebensdauer haben. Für den Foto- und Videobereich gibt es LED-Panels mit vielen einzelnen LEDs. Die gewünschte Lichtstimmung kann mit Hilfe von Farbfiltern erzielt werden. Den Vorteilen steht der höhere Preis im Vergleich zu Halogenlampen gegenüber. Einsteiger können notfalls mit Bauleuchten aus dem Baumarkt beginnen.

Drei-Punkt-Ausleuchtung – Making of …

1 Platzieren Sie das *Führungslicht* (Key Light) **A** als stärkste Lichtquelle seitlich neben der Kamera. Die Beleuchtung sollte von schräg oben erfolgen, damit sich ein realistischer Schattenwurf wie bei einer Deckenbeleuchtung ergibt.

2 Um die Schatten im Gesicht zu reduzieren, setzen Sie zur *Aufhel-*

lung ein zweites, schwächeres Licht (Fill Light) B ein, das sich etwa in 90° zum Führungslicht befinden sollte. Als Alternative zur zweiten Leuchte können Sie auch einen Reflektor verwenden.

3 Platzieren Sie die dritte Leuchte hinten oben als *Gegenlicht* (Back Light) C. Es dient dazu, den Kontrast zwischen Vorder- und Hintergrund zu erhöhen und dem Bild dadurch mehr Tiefe und Plastizität zu geben.

4 Zur Ausleuchtung des Hintergrundes kann der Einsatz weiterer Leuchten erforderlich sein.

4.2.3 Licht im Freien

Während die Profis auch bei Außenaufnahmen ein riesiges Lichtset auffahren, müssen Sie mit dem vorhandenen Licht auskommen. Dieses wird als *Available Light* bezeichnet.

Wichtigstes Hilfsmittel zur Ausleuchtung sind sogenannte Reflektoren, die für wenig Geld in unterschiedlichen Größen und mit unterschiedlichen Folien (z. B. Gold, Silber, Weiß) verfügbar sind. Sie reflektieren einen Teil des vorhandenen Lichts und sorgen für ein diffuses, „weiches" Licht, das keine Schatten wirft.

Das Licht hängt von der Tages- und Jahreszeit sowie vom Wetter ab und ist deshalb schlecht planbar. Wir beschränken uns auf einige Grundregeln.

Available Light – Making of ...

1 Warten Sie – wenn möglich – einen leicht bewölkten Tag ab, die Lichtverhältnisse sind dann ideal.

2 Falls Sie an einem sonnigen Tag filmen (müssen), sollte die Mittagssonne vermieden werden, da sie senkrechte und harte Schatten verursacht. Filmen Sie bevorzugt in den Morgen- oder Abendstunden, vermeiden Sie aber Gegenlicht.

3 Führen Sie immer einen Weißabgleich durch. Da sich die Farbtemperatur im Tagesverlauf ändert, wiederholen Sie den Weißabgleich von Zeit zu Zeit.

4 Nutzen Sie zur Ausleuchtung einen oder mehrere Reflektoren.

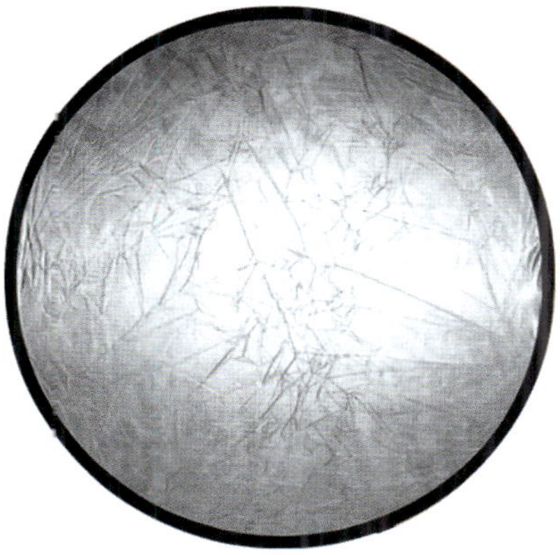

Reflektoren

gibt es in unterschiedlichen Größen und mit verschiedenen Folien. Sie reflektieren das vorhandene Licht und kommen vor allem bei Außenaufnahmen zum Einsatz.

Gegenlicht

sorgt für romantische Stimmung, lässt die Personen im Vordergrund aber im Dunkeln stehen.

4.3 Ton

Ⓐ

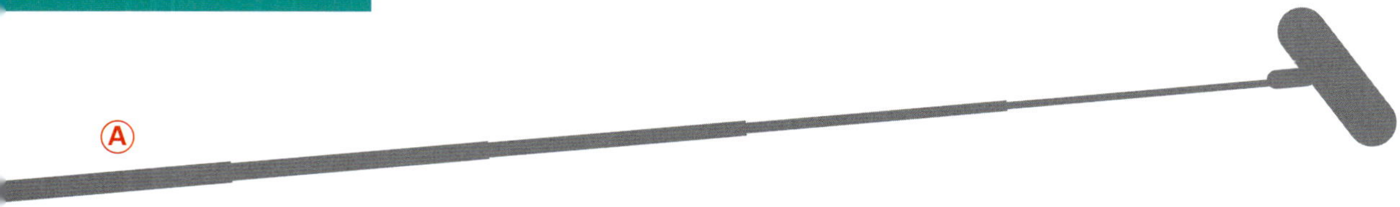

Neben dem Licht ist auch der Ton ein wichtiges Gestaltungsmittel des Films. Dies wird Ihnen bewusst, wenn Sie während eines Spielfilms den Ton abstellen.

Den Ton, der direkt am Filmset aufgenommen wird, bezeichnet man als Originalton, kurz *O-Ton*. Neben der Aufnahme von Sprache kann es sich hierbei auch um die Umgebungsgeräusche handeln. In diesem Fall spricht man von Atmosphäre, kurz *Atmo*.

Neben O-Ton und Atmo spielt im Film vor allem Musik eine große Rolle. Schließlich können nachträglich Effektsounds eingebaut werden, die die dramaturgische Wirkung des Films verstärken.

O-Ton

Alle Kameras haben ein integriertes Mikrofon, so dass parallel zum Bild immer auch der Ton aufgezeichnet wird. Was bei Nahaufnahmen eventuell noch ganz gut gelingen mag, stellt für Aufnahmen aus größerer Entfernung ein Problem dar: Das Kameramikrofon nimmt zu viele Geräusche aus der direkten Umgebung auf, so dass der Ton nicht zum Bild passt.

Abhilfe schafft ein externes (Richt-) Mikrofon, das entweder auf der Kamera montiert oder in unmittelbarer Nähe der Sprecher platziert wird. Dies kann entweder mit Hilfe einer sogenannten *Tonangel* **A** erfolgen, die ein Assistent über die Akteure hält, oder die Akteure arbeiten mit ansteckbaren Mikrofonen, auch als *Lavaliermikrofon* bezeichnet **B**.

Ⓑ

Atmo

Der Atmo-Ton umfasst alle Geräusche, die zur gefilmten Szene gehören. Führen Sie beispielsweise ein Interview in einer Fußgängerzone durch, so erwartet der Betrachter unbewusst die typischen Geräusche einer Fußgängerzone: Schritte, Gespräche, Fahrradklingeln usw.

Natürlich darf der Atmo-Ton das Interview nicht stören. Aus diesem Grund ist es besser, den Atmo-Ton mit einem separaten Mikrofon aufzunehmen. Bei der späteren Nachbearbeitung kann er in einer eigenen Spur mit der Sprachaufnahme abgemischt werden (siehe Seite 30).

Musik

Musik erzeugt Stimmungen: fröhlich – traurig, ruhig – hektisch, hell – düster. Sounddesigner, Komponisten und Musiker sind hierfür zuständig, und so manche Filmmusik wurde erfolgreicher als der Film selbst.

Im Videobereich kommt der Musik keine so große Bedeutung zu wie beim Spielfilm. Dennoch kann es sinnvoll sein, Bilder mit einer passenden Musik zu unterlegen, um dadurch die Bildwirkung zu steigern. Beachten Sie aber, dass zur Musikverwendung die Rechte eingeholt bzw. eingekauft werden müssen. Zuständig hierfür ist die GEMA (www.gema.de).

Making of ...

Die Durchführung von Tonaufnahmen im Freien mit Hilfe des Smartphones finden Sie auf Seite 24.

4.4 Konzeption

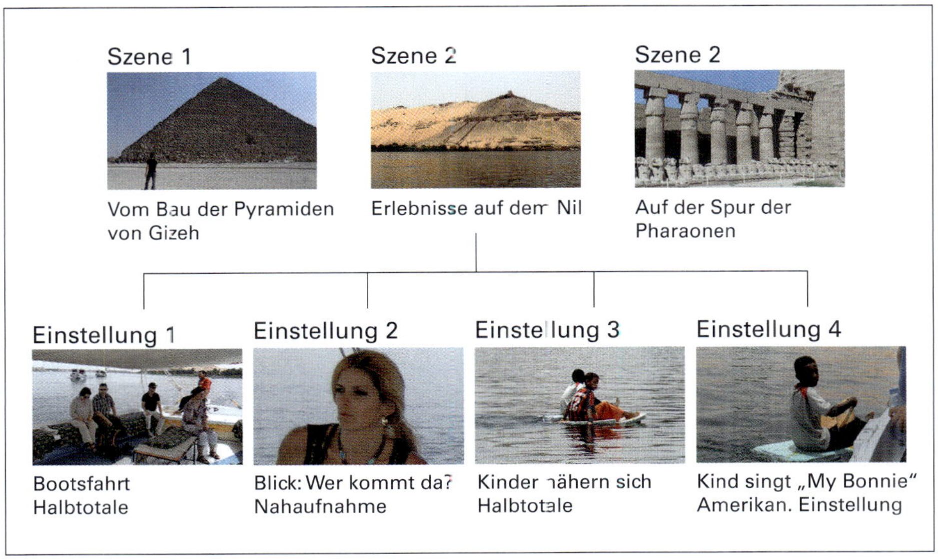

Szenen und Einstellungen
Eine Szene ist die kleinste Erzähleinheit eines Films. Sie gliedert sich ihrerseits in Einstellungen.

4.4.1 Von der Idee zur Story

Ein Film erzählt eine Geschichte. Beginnen Sie Ihr Filmprojekt deshalb mit der Frage, welche Geschichte Sie erzählen wollen. Sammeln Sie zunächst, ohne an die filmische Umsetzung zu denken, alles, was Ihnen zu Ihrem Thema einfällt. Fixieren Sie Ihre Ideensammlung schriftlich als Brainstorming oder als Mindmap. Sie zwingen sich dadurch, die offenen, unklaren, fantastischen Gedanken zu konkretisieren und für die weitere Arbeit handhabbar zu machen.

4.4.2 Schriftliche Planung

Ein Film braucht wie jede Medienproduktion eine gründliche und genaue Planung. Da jeder Film letztendlich erst beim Schneiden entsteht, müssen Sie schon jetzt bei der Planung und später beim Drehen den fertigen Film vor Ihrem geistigen Auge ablaufen lassen. Denn, was Sie nicht gedreht haben, können Sie später nicht reinschneiden.

Die folgenden Fragen helfen Ihnen bei der Planung:

- *Was* wird *wann wo wie* mit *wem* und *warum* gedreht?
- Was brauche ich zum Dreh? (Ort, Licht, Requisite, Akteure, Material, Kameras, Ton ...)
- *Was* wird *warum und wie* geschnitten bzw. montiert?

Die Konzeption und Planung wird in der Abfolge in verschiedenen immer konkreter werdenden Dokumentationen festgehalten.

Exposé
Aus den schriftlichen Ergebnissen der Kreativitätstechniken entwickeln Sie im Exposé eine erste Ausarbeitung Ihrer Filmidee. Formulieren Sie die Grundidee bzw. den Aussagewunsch Ihres Films in wenigen Sätzen auf maximal einer DIN-A4-Seite. Notieren Sie in Ihrem Exposé:

- Anlass und Thema
- Ziele, z. B. Information, Spannung, Unterhaltung, Emotionen

- Geschichte (Story) des Films, der berühmte „rote Faden“
- Hauptfigur(en) z. B. Person, Tier, Gegenstand
- Filmgenre, z. B. Dokumentation, Kurzfilm, Lehrfilm, Reportage
- …

Zeigen Sie das Exposé einem Freund und stellen Sie sich der Kritik. Hierdurch finden Sie heraus, ob Ihre Story trägt und ob diese tatsächlich Ihre Ideen realisiert.

Treatment

Das Treatment beschreibt den zukünftigen Film schon wesentlich konkreter als das Exposé. Sie konkretisieren darin die filmischen Mittel der Umsetzung, die handelnden Personen, Zeit, Orte und die filmische Handlung. Anhand des Treatments ist somit der zeitliche und finanzielle Aufwand zur Umsetzung der Filmidee abschätzbar.

Drehbuch

Das Drehbuch beschreibt den Film in schriftlicher Form: Ideen und ihre geplante Umsetzung, Einstellungsgrößen und -dauer, technische Anweisungen, Licht, Ton, Dialoge usw. Im Drehbuch werden die Szenen in Einstellungen aufgelöst und bis ins Detail beschrieben. Dies geht soweit, dass jeder Dialog im Wortlaut notiert wird.

Da die Erstellung eines Drehbuchs sehr zeitaufwändig ist, werden Sie sich bei Ihren Projekten in der Regel auf das Treatment beschränken.

Treatment

Es gibt keine festen Vorgaben für ein Treatment – erstellen Sie eine Version, die zu Ihrem Projekt passt.

Szene	Dauer	Bild	Ton/Dialoge
1	90 s	**Vom Bau der Pyramiden von Gizeh** …	…
2	30 s	**Erlebnisse auf dem Nil** Touristen fahren auf dem Nil. Kinder nähern sich auf selbstgebauten Booten. Sie singen englische Seemannslieder, um sich damit ein Taschengeld zu verdienen. …	Boot (Atmo) Gesang der Kinder (O-Ton) Erklärung zur Szene (Off-Sprecher)
3	60 s	**Auf der Spur der Pharaonen** …	…

Storyboard

Unter einem Storyboard versteht man die zeichnerische Umsetzung eines Films. Hierdurch ergibt sich schon im Vorfeld eine Vorstellung für den Bildaufbau, die Bildübergänge und den späteren Schnitt.

Auch die Erstellung eines Storyboards ist mit einem enormen Aufwand verbunden und dürfte – wie das Drehbuch – eher professionellen Filmproduktionen vorbehalten sein.

Drehplan

Der Drehplan strukturiert den zeitlichen Ablauf der Dreharbeiten. Die Abfolge der Szenen und Einstellungen im Drehplan entsprechen dabei meist nicht der Abfolge im späteren Film. Aufnahmen an einem Drehort, zu einer bestimmten Drehzeit abgedreht, werden im fertigen Film z. B. mit verschiedenen Zwischenschnitten oder als Rückblenden montiert. Trotzdem müssen sie aus gestalterischen, organisatorischen und nicht zuletzt wirtschaftlichen Gründen in einer Abfolge gedreht werden. Die verschiedenen Faktoren wie Drehort, Licht und Ton, aber auch Darsteller, Kostüme oder Requisiten usw. können konsistent gehalten werden.

Auch bei der Erstellung eines Drehplans müssen Sie schon ans Schneiden denken. Das produzierte Rohmaterial sollte ein Mehrfaches der Zeit des fertig geschnittenen Films haben.

4.5 Filmgestaltung

Motiv und Bildausschnitt sind wie in der Fotografie auch im Film von zentraler Bedeutung. Es gelten für die Bildgestaltung der Aufnahme grundsätzlich die gleichen Regeln. Hinzu kommt aber natürlich, dass wir keine Standbilder, sondern bewegte Bilder produzieren. Es sind also außer dem Motiv und dem Bildausschnitt als Gestaltungsmittel auch die Kameraposition, die Kameraeinstellungen wie Brennweite und Blende sowie die Perspektive der Aufnahmen in der Bilderabfolge zu berücksichtigen.

4.5.1 Einstellung

Die Einstellung (shot) ist die kleinste Einheit eines Films. Sie ist eine nicht unterbrochene Aufnahme. Der Name Einstellung stammt aus der Stummfilmzeit, als die Kameraeinstellung während einer Szene nicht verändert wurde. Heute ist die Kamerabewegung auch in einem ununterbrochen gefilmten Vorgang üblich.

Einstellungslänge
Mit der Einstellungslänge wird die Zeitspanne bezeichnet, in der ein Bild dem Betrachter gezeigt wird. Es gibt keine feste Regel für die Einstellungslänge.

Wenn Sie möchten, dass der Betrachter das Bild wahrnimmt, seine Informationen aufnimmt und versteht, dann sollte die Länge einer Einstellung in etwa der Zeit entsprechen, die man braucht, um das Bild verbal zu beschreiben. Die Einstellungslänge hängt vom Informationsgehalt des Motivs ab. Die Einstellungslänge für eine Totale ist somit in der Regel größer als die für eine Detailaufnahme.

Die Einstellungslänge hat großen Einfluss auf die Atmosphäre eines Films. Längere Einstellungen bringen Ruhe oder auch Langeweile. Kurze Einstellungen erzeugen Spannung oder auch Hektik und Verwirrtheit. Nutzen Sie das Stilmittel der Einstellungslänge als Gestaltungsmittel.

Einstellungsgröße
Die Einstellungsgröße beschreibt verschiedene zueinander in Beziehung stehende Bildausschnitte. Ihre absolute Größe hängt immer vom jeweiligen Filmthema ab. So kann die Totale eine Landschaft, in unserem Beispiel ein Elefanten-Reservat, darstellen. Sie kann aber auch den Blick auf einen geschlossenen Raum lenken.

- *Totale (long shot)*
  Mit der Totalen bieten Sie dem Betrachter Überblick und Orientierung, Sie führen ihn in die Thematik der Szene ein.
- *Halbtotale (medium long shot)*
  Die Halbtotale zeigt einen beschränkten Ausschnitt der Totalen und lenkt dadurch den Blick des Betrachters auf das bildwichtige Motiv.
- *Amerikanische Einstellung (american shot)*
  Die amerikanische Einstellung hat ihren Namen von einer in Western häufig eingesetzten Einstellungsgröße. Beim Duell sehen wir einen Revolverhelden mit seinem Colt vom Knie an aufwärts im Vordergrund, sein Gegner steht leicht seitlich versetzt im Bildmittelgrund.
- *Halbnah (medium close-up)*
  Die Halbnahaufnahme zeigt erste Details, z. B. die obere Körperhälfte einer Person.
- *Nah (close-up)*
  In der Nahaufnahme zeigen Sie weitere Details des Motivs. Für den Betrachter gehen der Überblick und die Möglichkeit zur Einordnung in die Umgebung verloren.

Bildgestaltung
Die Regeln zur fotografischen Gestaltung gelten auch für den Videofilm. Weitere Infos hierzu finden Sie in den Bänden *Digitales Bild* und *Digitale Fotografie* dieser Buchreihe.

- *Groß (very close-up)*
  Sie sind mit der Kamera dicht am Aufnahmeobjekt, ein Ausweichen ist nicht mehr möglich.
- *Detail (extreme close-up)*
  Die Kamera ist so dicht wie möglich am Objekt. Sie zeigt einen kleinen, aber wichtigen Teil des Motivs.

Totale

Halbtotale

Amerikanische Einstellung

Halbnah

Nah

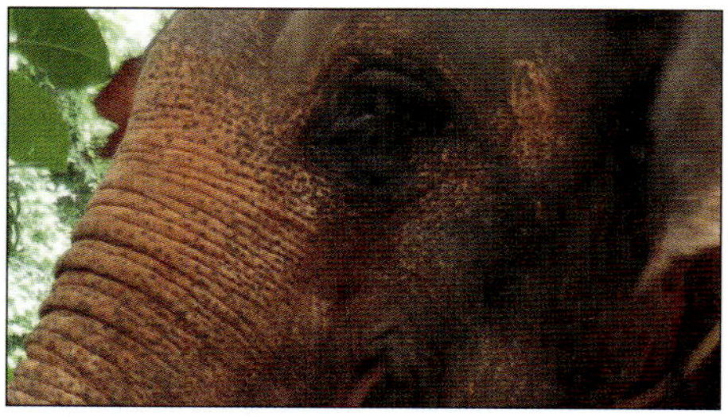

Groß

Detail

Kameraschwenk

Ein langsamer Kameraschwenk erweitert die Totale und gibt dem Betrachter die Zeit für einen Überblick über die Szene.

4.5.2 Kameraschwenk

Beim Schwenk bewegt sich die Kamera und damit das Bild. Die Kamera bewegt sich um die horizontale oder vertikale Achse und behält dabei ihre Position. Gleichmäßige und ruckfreie Kameraschwenks sind nur mit Stativ möglich. Achten Sie darauf, dass die Dämpfung richtig eingestellt ist. Als Richtlinie für die Geschwindigkeit gilt die Forderung, dass das Auge der Bewegung folgen kann. Schwenken Sie mit Überhang, d.h., lassen Sie die Einstellung vor und nach dem Schwenk noch drei bis fünf Sekunden stehen. Sie gewinnen damit mehr Spielraum für den Schnitt.

Wir unterscheiden je nach Gestaltungs- und Aussagewunsch verschiedene Arten von Schwenks:

- *Langsamer Schwenk*
  Diese Art Schwenk wirkt als erweiterte Totale. Durch die Abfolge der Bilder kann der Bildausschnitt des einzelnen Bildes größer sein und somit mehr zeigen als eine stehende Totale. Der langsame panoramierende Schwenk bietet dem Betrachter Orientierung und hinführende Wirkung.
- *Schneller Schwenk*
  Der schnelle Schwenk verbindet zwei Einstellungen räumlich miteinander, das stehende Anfangsbild und das stehende Schlussbild sind die eigentlichen Aussageträger.
- *Reißschwenk*
  Die Kamera wird so schnell bewegt, dass keine Einzelheiten zu erkennen sind. Der Reißschwenk schafft räumliche und zeitliche Verbindungen. Er hat häufig die Wirkung eines Überblendeffekts.
- *Geführter Schwenk*
  Die Kamera verfolgt die Bewegung einer Person oder eines Gegenstandes.

4.5.3 Kamerafahrt

Neben dem Schwenk ist die Kamerafahrt die zweite Art der Bewegung des Bildes durch die Bewegung der Kamera. Die Kamera verändert bei der

Kamerafahrt, anders als beim Schwenk, ihre Position und damit auch die Perspektive und den Bildausschnitt. Eine Kamerafahrt kann grundsätzlich in alle Raumrichtungen erfolgen. Aber auch für Kamerafahrten gilt natürlich die Forderung nach gleichmäßigen ruckelfreien Bewegungen.

In professionellen Produktionen kommt für eine Kamerafahrt ein spezieller Kamerawagen, *Dolly*, zum Einsatz, der auf Schienen bewegt wird. Alternativ dazu kann aus einem fahrenden Auto heraus gefilmt werden.

Bei langsamen Bewegungen können Sie die „Fahrt" durch einen „Gang" ersetzen. Ideal hierfür ist die Verwendung einer sogenannten *Steadicam* (siehe Seite 58), da hierdurch die bewegte Kamera ruhig gehalten werden kann. Da Sie sich während der Bewegung auf die Aufnahme konzentrieren müssen, brauchen Sie einen Assistenten, der Sie notfalls vor Hindernissen warnt.

Kamerafahrt

Die Kamera bewegt sich mit, der Bildausschnitt verändert sich (im Unterschied zur Zoomfahrt) nicht.

4.5.4 Zoomfahrt

Zoomobjektive sind heute bei allen Kameras Standard. Sie können damit auf einfache Weise durch die Veränderung der Brennweite eine sogenannte Zoomfahrt machen. Im Gegensatz zur echten Kamerafahrt ändert sich bei dieser Fahrt die Brennweite. Der Kamerastandpunkt und damit der Abstand zum Aufnahmeobjekt bleiben unverändert. Durch das Zoomen verändert sich aber nicht nur der Bildausschnitt, sondern es verändern sich ebenfalls der Bildwinkel und die Schärfentiefe.

Als gestalterisches filmisches Mittel hat der Einsatz des Zooms vor allem den Zweck, die Aufmerksamkeit des Betrachter zu lenken. Die Zufahrt, d.h. von der Totalen zur Nahaufnahme, bewirkt Zuwendung, die Rückfahrt, von

Zoomfahrt

Bei einer Zoomfahrt bleibt die Kamera in Ruhe. Durch Veränderung der Brennweite ändert sich der Bildausschnitt. Dies ergibt eine andere Wirkung als bei einer „echten" Kamerafahrt.

der Nahaufnahme zur Totalen, führt vom Besonderen zum Allgemeinen. So führen Sie beispielsweise eine Person durch eine Nahaufnahme ein und stellen sie dann durch das Zoom-out zur Totalen in den Gesamtzusammenhang der Szene.

4.5.5 Schärfe

Jede Kamera besitzt einen sogenannten Autofokus. Dabei misst die Kamera mit Hilfe von Sensoren den Abstand zum Hauptmotiv in der Bildmitte und stellt die Kamera auf dieses Motiv scharf. Was im Grunde eine nützliche Sache ist, kann zum Problem werden, wenn sich das Motiv nicht in der Bildmitte befindet oder wenn die Kamera bewegt wird. Im zweiten Fall misst der Autofokus den Abstand ständig und regelt die Schärfe nach. Da diese Nachstellung nicht schnell genug erfolgt, wird dies in der Aufnahme sichtbar.

Für die genannten Fälle ist es sinnvoll, dass Sie die Schärfe vor der Aufnahme mittels Autofokus durch die Kamera einstellen und danach auf manuellen Fokus umstellen. Solange sich der Abstand zum Motiv nicht ändert, bleibt die Schärfe auch während einer Bewegung erhalten.

Schärfeverlagerung

Durch eine (manuelle) Veränderung der Schärfe lenken Sie den Betrachter.

Perspektive

Die Kameraperspektive beeinflusst die Wahrnehmung des Motivs: klein, hilflos, neutral, erhaben, überlegen, mächtig …

Die Veränderung der Schärfe, eine sogenannte *Schärfeverlagerung*, können Sie aber auch als Gestaltungsmittel einsetzen. Um diesen Effekt zu erzielen, stellen Sie die Kamera auf manuellen Fokus um und verändern die Schärfe während der Aufnahme manuell.

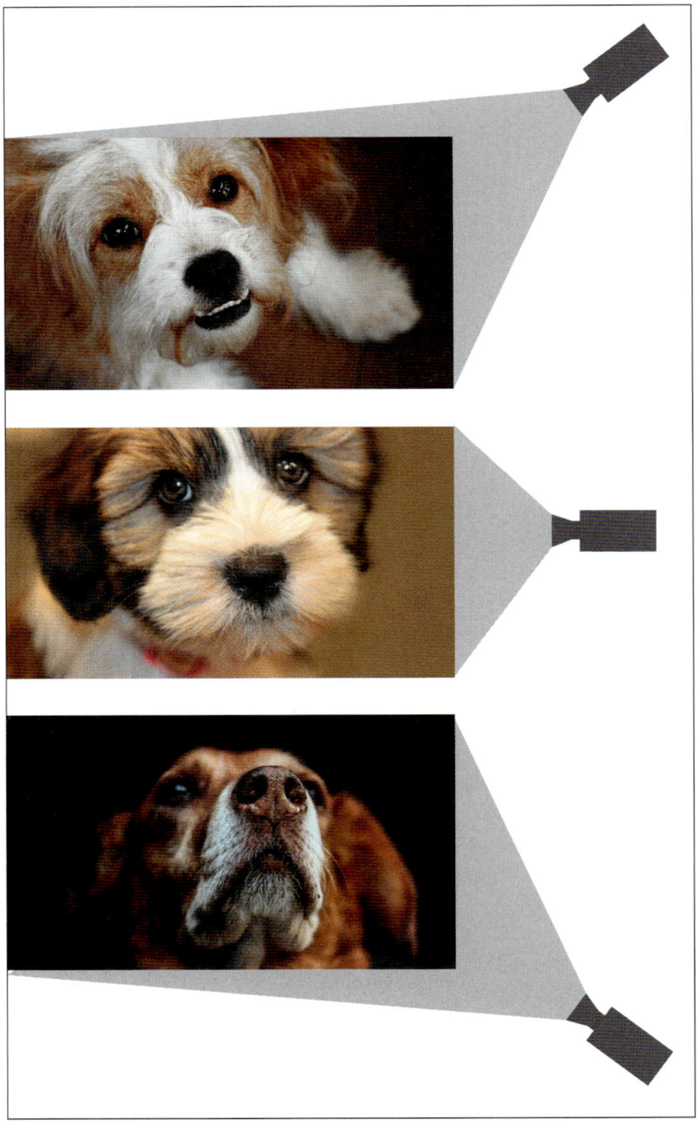

4.5.6 Perspektive

Ein wichtiges Gestaltungsmittel bei Fotografie und Film ist die gewählte Kameraperspektive. Sie ergibt sich aus der senkrechten Position der Kamera im Vergleich zum Motiv. Dies spielt v. a. bei der Aufnahme von Menschen oder Tieren eine Rolle. Um diese natürlich und neutral wirken zu lassen, muss sich die Kamera in Augenhöhe befinden *(Normalperspektive)*.

Befindet sich die Kamera deutlich oberhalb des Motivs, spricht man von einer *Vogelperspektive*. Das betrachtete Motiv wirkt klein und mickrig. Ein typischer Anfängerfehler ist es, Kinder oder kleine Tiere nicht aus der Hocke, sondern aus der Vogelperspektive von oben zu fotografieren oder zu filmen.

Das Gegenteil, also eine Kamera, die von unten nach oben gerichtet ist, wird als *Froschperspektive* bezeichnet. Diese lässt das Motiv groß und (über)mächtig erscheinen. Diese Wirkung kann durchaus erwünscht sein, wenn aber nicht, dann müssen Sie die Froschperspektive vermeiden.

4.5.7 Handlungsachse

Die Wahrnehmung und Interpretation einer Bewegung vor der Kamera orientiert sich für den Betrachter immer an der sogenannten Handlungsachse. Sie ist eine gedachte Linie, an der sich die Handlung oder auch nur die Blickrichtung entlang bewegt. Die Bewegung des Objekts muss für den Zuschauer immer logisch und nachvollziehbar sein. Ein für den Betrachter unmotiviertes Überschreiten der Handlungsachse wird als *Achsensprung* bezeichnet und kann vom Betrachter nicht oder kaum nachvollzogen werden.

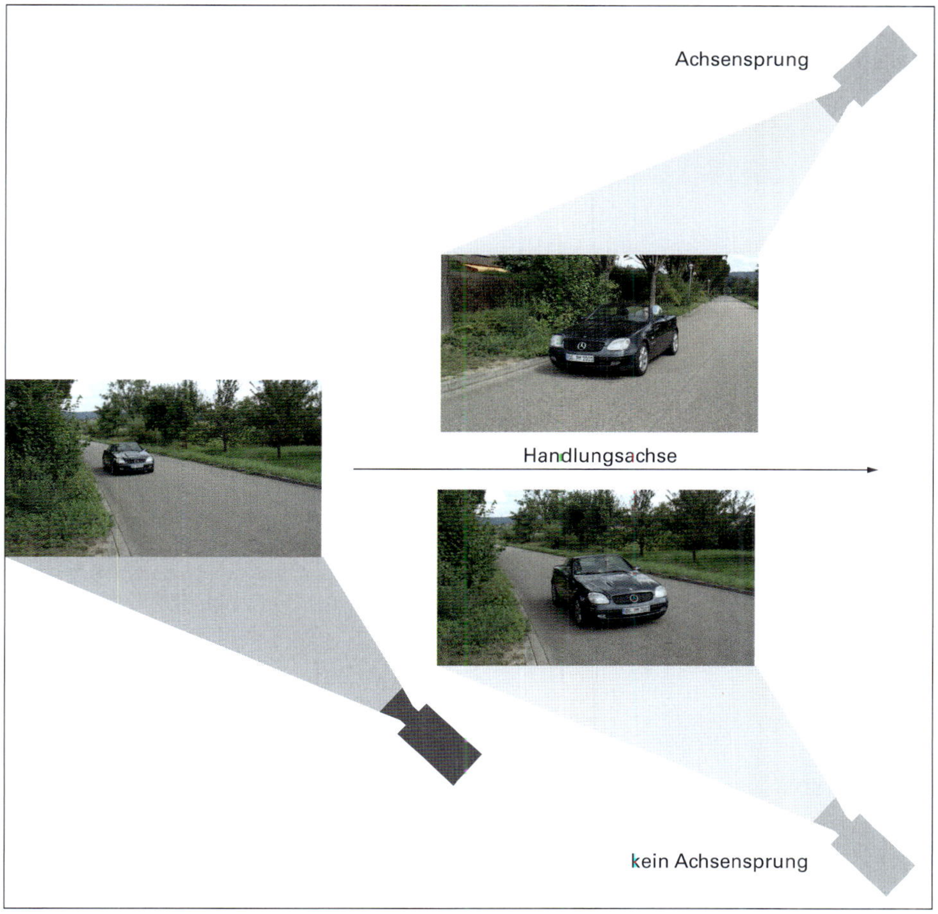

Achsensprung

Beim Achsensprung wird die Handlungsachse überquert. Achsensprünge müssen unbedingt vermieden werden, weil sie vom Zuschauer nicht nachvollzogen werden können.

Der Achsensprung lässt sich am Beispiel eines bewegten Motivs, z. B. eines Fahrzeugs, erklären. Im Beispiel bewegt sich dieses von links nach rechts. Ein Wechsel der Straßenseite führt zum Achsensprung, weil die Handlungsachse überquert wird. Das Fahrzeug bewegt sich jetzt scheinbar von rechts nach links, und der Zuschauer hat das Gefühl, dass das Fahrzeug zurückfährt.

Bei einem Dialog befindet sich die Handlungsachse zwischen den Personen. Die Kamera muss sich immer auf einer Seite befinden.

4.5.8 Schuss und Gegenschuss

Beim Einsatz des filmischen Gestaltungsmittels Schuss und Gegenschuss wechseln Sie in jeder Einstellung Standort und Blickrichtung der Kamera. Die Technik kommt typischerweise beim Filmen von Dialogen zum Einsatz. Dabei wird die erste Person von einer Kamera und die zweite Person von einer zweiten Kamera gefilmt. Damit es nicht zum Achsensprung kommt, müssen sich beide Kameras auf derselben Seite befinden.

Schuss – Gegenschuss

Bei Dialogen kommen zwei Kameras zum Einsatz. Der Zuschauer hat das Gefühl, dass er als dritte Person daneben steht.

Falls Sie nur eine Kamera einsetzen, können Sie die Szene auch zweimal filmen, das erste Mal mit Blick auf die erste Person, das zweite Mal mit Blick auf die zweite Person. Durch diesen „Trick" gelingt es, dass beide Personen nicht einmal gleichzeitig anwesend sein müssen oder dass ein Schauspieler beide Personen spielt.

4.5.9 Anschlüsse

Die Aufgabe – und Kunst – des Filmschnitts ist eine durch den Betrachter nachvollziehbare Aneinandereihung der Einstellungen. Die Verbindung zweier Einstellungen bezeichnet man als Anschluss. Wir unterscheiden drei formale Anschlussarten in der Abfolge der Einstellungen im Schnitt:

Zeitlicher Anschluss
Minutenlange Einstellungen will kein Mensch sehen! Da Zeitabläufe mitunter lange dauern können, beispielsweise wenn eine Person eine Straße entlangläuft, muss dieser (zu lange) Vorgang beim Schneiden des Films gekürzt werden. Natürlich können Sie nicht einfach einen Teil der Aufnahme weglassen, da die Person dann einen Sprung machen würde (Jump Cut). Planen Sie also bereits während der Aufnahme einen Zwischenschnitt ein, z. B. die Ansicht einer Kirchturmuhr oder eine Einstellung, bei der die Kamera die Blickrichtung der Person einnimmt.

Räumlicher Anschluss
Genau wie Zeitsprünge sind auch räumliche Sprünge unmöglich. Die Zuschauer werden nicht nachvollziehen, wenn sich eine Person von einem Moment zum anderen an einem unterschiedlichen Ort befindet. Um diese Irritation zu vermeiden, muss der Raumwechsel nachvollziehbar sein. So könnte eine Einstellung damit enden, dass die Person einen Raum verlässt. Die nächste Einstellung zeigt sie aus dem Auto aussteigend. Der Zuschauer geht nun davon aus, dass die Person zwischenzeitlich mit dem Auto gefahren ist.

Logischer Anschluss
Bestimmt haben auch Sie sich schon einmal über unlogische Ereignisse in Filmen gewundert: Der Protagonist altert nicht, obwohl die Handlung Jahre später spielt. Verletzungen aus einem Kampf sind urplötzlich wieder verheilt. Oder es wird bereits dunkel, obwohl die Handlung am frühen Morgen spielt. Derartige Fehler lassen sich nur durch eine sorgfältige Planung samt Drehplan vermeiden.

Anschlussfehler
Für Hohn und Spott sorgen Anschlussfehler, die auch im professionellen Bereich immer wieder vorkommen. Dies können z. B. wechselnde Kleidung, andere Frisuren, fehlende oder plötzlich auftauchende Requisiten sein. Auf YouTube finden Sie hierfür zahlreiche (lustige) Beispiele.

4.6 Schnittsoftware

Wenn die Aufnahmen „im Kasten" sind, beginnt die als *Postproduktion* bezeichnete Nachbearbeitung der Clips: Schnitt, Vertonung, Titel, Rendering ...

Nicht zuletzt wegen der großen Anzahl an Hobbyfilmern und der immer besser werdenden Kameras steht Ihnen auch bei den Videoschnittprogrammen eine große Auswahl von leistungsfähiger Freeware bis zu ausgereiften Profiprogrammen zur Verfügung.

Wie bei der Software zur Audiobearbeitung (siehe Seite 22) haben wir Ihnen in der Tabelle Software zusammengestellt, die sich so im Bereich um die 100 Euro bewegt. Wenn Sie sich noch nicht sicher sind, ob Ihnen das Videofilmen Spaß macht, lohnt es sich nicht, viel Geld für eine Software auszugeben, die dann nicht benutzt wird. Starten Sie zunächst mit einer Freeware.

Apple-Usern steht mit *iMovie* ein mächtiges und darüber hinaus kostenloses Tool zur Verfügung. *iMovie* ist auch als App sehr beliebt und ermöglicht Videoschnitt mit dem Tablet. Auch die kostenfreien Programme *DaVinci Resolve*, *Lightworks* oder *Shotcut* bieten einen großen Funktionsumfang und sind dennoch kostenfrei.

Für die Tutorials auf den nächsten Seiten haben wir uns für *Adobe Premiere Pro CC* entschieden, das sich hinsichtlich des Preises von den anderen Programmen unterscheidet. Der Grund hierfür ist, dass dieses Buch Teil der Buchreihe „Bibliothek der Mediengestaltung" ist und Medienschaffende überwiegend mit den Adobe-Programmen Photoshop CC, Illustrator CC, InDesign CC arbeiten. Wenn Sie ohnehin über eine Creative-Cloud-Lizenz (CC) verfügen, ist *Adobe Premiere Pro CC* dabei. Die Lizenz für das gesamte Adobe-CC-Paket kostet für Studenten, Schüler oder Lehrer derzeit rund 20 Euro/Monat (Stand: 2018). Ohne Abo bietet Adobe mit *Premiere Elements* eine Alternative zu *Pro CC*.

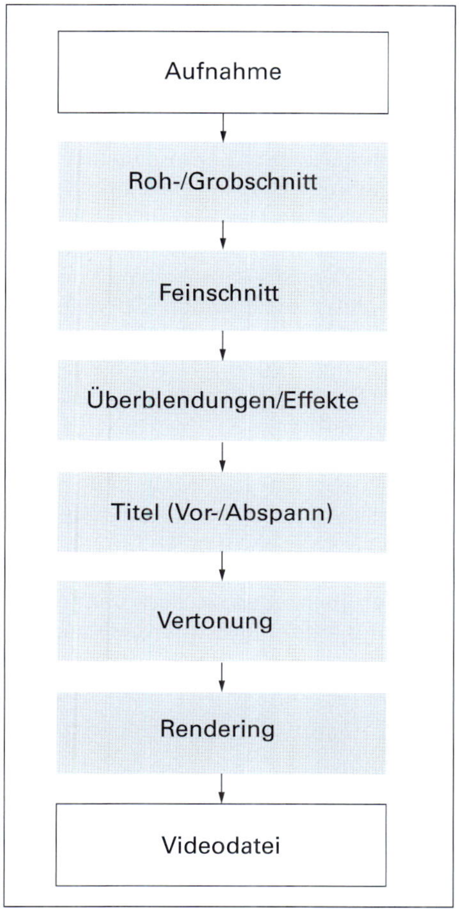

Postproduktion

Das Diagramm zeigt die typischen Aufgaben, die nach der Aufnahme mit Hilfe einer Schnittsoftware erledigt werden.

Software

In der Tabelle finden Sie kostenlose oder kostengünstige Programme zur Videobearbeitung.

Name	Anbieter	Mac	Win	Preis (ca.)
DaVinci Resolve	Blackmagicdesign	•	•	–
iMovie	Apple	•		–
Lightworks	EditShare	•	•	–
Powercirector	Cyberlink	•	•	60,– €
Premiere Elements	Adobe	•	•	100,– €
Premiere Pro CC	Adobe	•	•	20,– €/ Monat[1]
Video Deluxe	Magix	•	•	70,– €
Shotcut	Open Source	•	•	–

1) Der Preis bezieht sich auf eine Adobe-CC-Lizenz für Studenten, Schüler oder Lehrer.

4.7 Videobearbeitung mit Premiere Pro CC

4.7.1 Projekt anlegen

Für dieses Tutorial gehen wir davon aus, dass Sie die Aufnahmen für Ihr Videoprojekt bereits „im Kasten" bzw. auf der Speicherkarte Ihrer Kamera haben.

Entnehmen Sie die Speicherkarte der Kamera und stecken Sie sie in das Kartenlesegerät Ihres Computers. Kopieren Sie die Videoclips in einen zuvor neu angelegten Projektordner. (Sollte Ihr Computer über keinen Slot für Speicherkarten verfügen, können Sie für wenige Euro ein externes Kartenlesegerät erwerben.)

Falls Sie mit einem Smartphone gefilmt haben, dessen Karte nicht entnommen werden kann, können Sie die Dateien per WLAN in einen Cloudspeicher hochladen oder via USB auf den Rechner übertragen. Je nach Länge der Clips und Internetanbindung dauert dies eine ganze Weile. Im nächsten Schritt kopieren Sie die Videoclips vom Cloudspeicher auf Ihren Computer. Nun kann es losgehen!

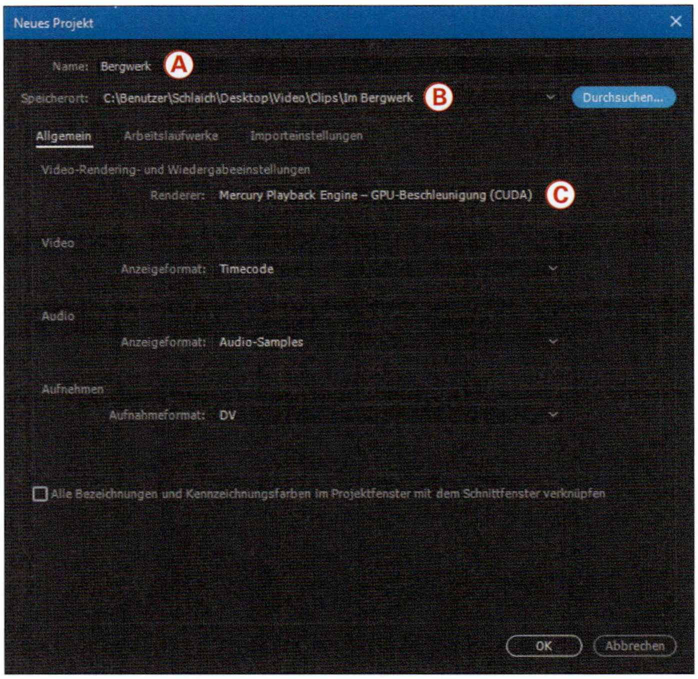

Making of ...

1 Starten Sie *Adobe Premiere Pro CC.* und wählen Sie *Neues Projekt...*

2 Vergeben Sie dem Projekt einen Namen **A** und legen Sie den Speicherort **B** fest.

3 Wählen Sie – falls verfügbar – einen Renderer mit *GPU-Beschleunigung* **C** aus. Hierdurch wird die spätere Berechnung des Videos durch den Grafikprozessor (GPU) unterstützt und der Vorgang damit schneller.

4 Die anderen Einstellung können Sie belassen. Schließen Sie mit *OK* ab.

4.7.2 Clips importieren

Im ersten Schritt importieren Sie im Projektfenster links unten alle Video- und eventuell Audioclips, die Sie für Ihr Projekt benötigen.

Making of ...

1 Klicken Sie links unten auf *Media-Browser* **D**.

2 Öffnen Sie im linken Bereich den Ordner **E**, in den Sie die Clips kopiert haben.

3 Um eine Vorschau zu erhalten, können Sie von *Listenansicht* **F** auf *Miniaturansicht* **G** umschalten. Markieren Sie nun mit gedrückter *Shift-Taste* alle Dateien, die Sie importieren möchten.

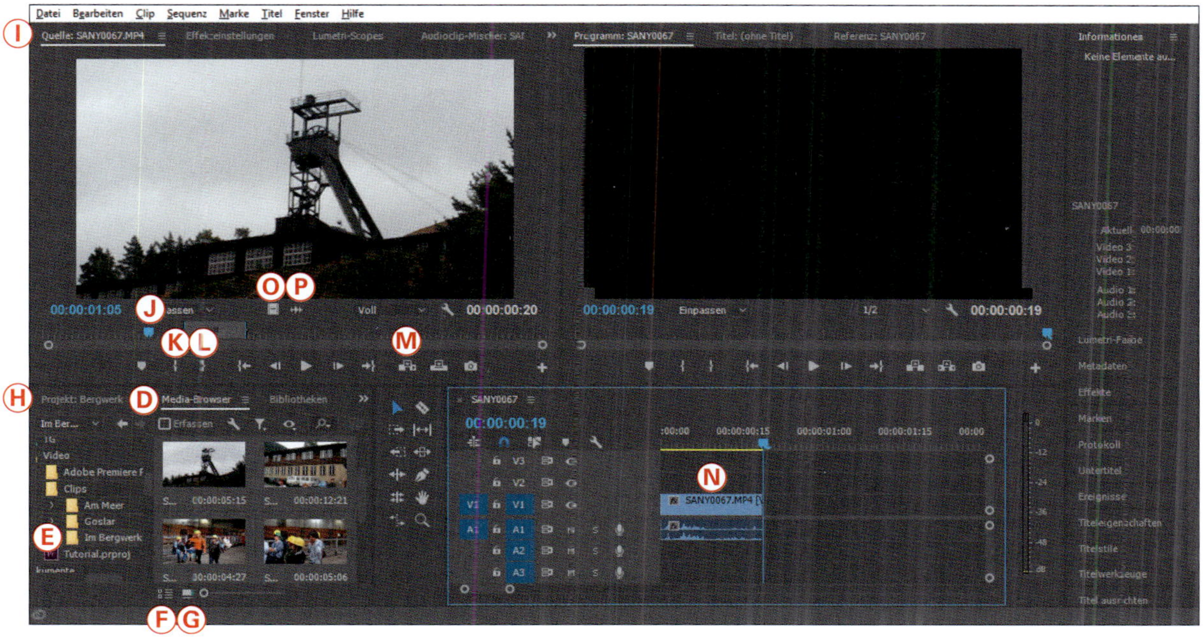

4 Machen Sie einen Rechtsklick und wählen Sie *Importieren*.

5 Kehren Sie zur Projektansicht **H** zurück.

6 Zwischenspeichern Sie Ihr Projekt.

4.7.3 Rohschnitt

Beim Roh- oder Grobschnitt werden die Clips auf ihre ungefähre Länge geschnitten und in der gewünschten Reihenfolge im Schnittfenster platziert.

Making of ...

1 Prüfen Sie, ob das Fenster links oben auf Quelle **I** steht.

2 Ziehen Sie nun den ersten Clip mit gedrückter Maustaste aus dem Projektfenster auf den Quellmonitor.

3 Bewegen Sie den blauen Abspielkopf **J** an die Stelle, an der die Einstellung beginnen soll. Setzen Sie durch Drücken der *Taste I* oder durch Anklicken des Icons **K** einen sogenannten *In-Point*.

4 Bewegen Sie den blauen Abspielkopf nun an die Stelle, an der die Einstellung enden soll. Setzen Sie durch Drücken der *Taste O* oder durch Anklicken des Icons **L** einen *Out-Point*.

5 Klicken Sie auf Icon **M**, um den durch In- und Out-Point geschnittenen Clip ins Schnittfenster **N** zu übertragen. Soll nur das Video *ohne* Ton verwendet werden, ziehen Sie Icon **O** mit gedrückter Maustaste ins Schnittfenster. Umgekehrt können Sie Icon **P** ins Schnittfenster ziehen, um nur den Ton zu verwenden.

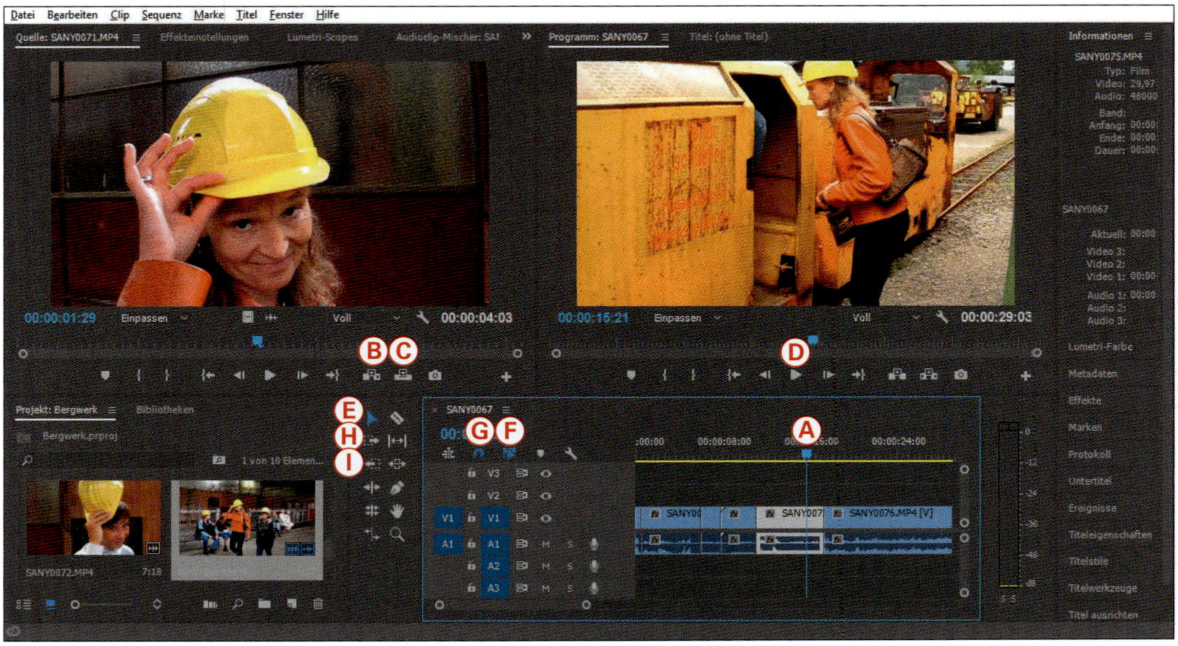

6 Wiederholen Sie die Schritte 2 bis 5 für alle weiteren Clips. Beachten Sie dabei die Position des Abspielkopfes **A**, da neue Clips aus der Quelle an dessen Position eingefügt werden. Um einen Clip an den bestehenden anzufügen, muss sich der Abspielkopf am Ende befinden.

7 Befindet sich der Abspielkopf *auf einem Clip*, dann gibt es zwei Möglichkeiten: Icon **B** schneidet den Clip und fügt den neuen Clip ein. Icon **C** überschreibt den Clip.

8 Den Rohschnitt Ihres Films können Sie jederzeit anschauen (Leertaste oder Icon **D**).

9 Um die Reihenfolge der Clips zu ändern, wählen Sie das *Auswahlwerkzeug* **E**. Nun können Sie einen Clip anklicken und verschieben.

Falls Ihr Clip auch eine Audiospur hat, sollte Werkzeug **F** aktiviert sein, damit Bild und Ton verschoben werden. Das *Ausrichten-Werkzeug* **G** verhindert (ungewollte) Lücken zwischen den Clips.

10 Wenn Sie alle Clips *rechts* des Abspielskopfes markieren möchten, klicken Sie auf Werkzeug **H**. Sie können die Clips dann verschieben, um in die Lücke einen anderen Clip einzufügen. Analog können Sie mit Werkzeug **I** alle Clips *links* des Abspielkopfes markieren und danach verschieben.

11 Auch wenn Sie im Menü *Bearbeiten > Voreinstellungen > Automatisch speichern ...* einstellen können, dass *Premiere Pro CC* alle paar Minuten speichert, sollten Sie dennoch immer wieder selbst speichern.

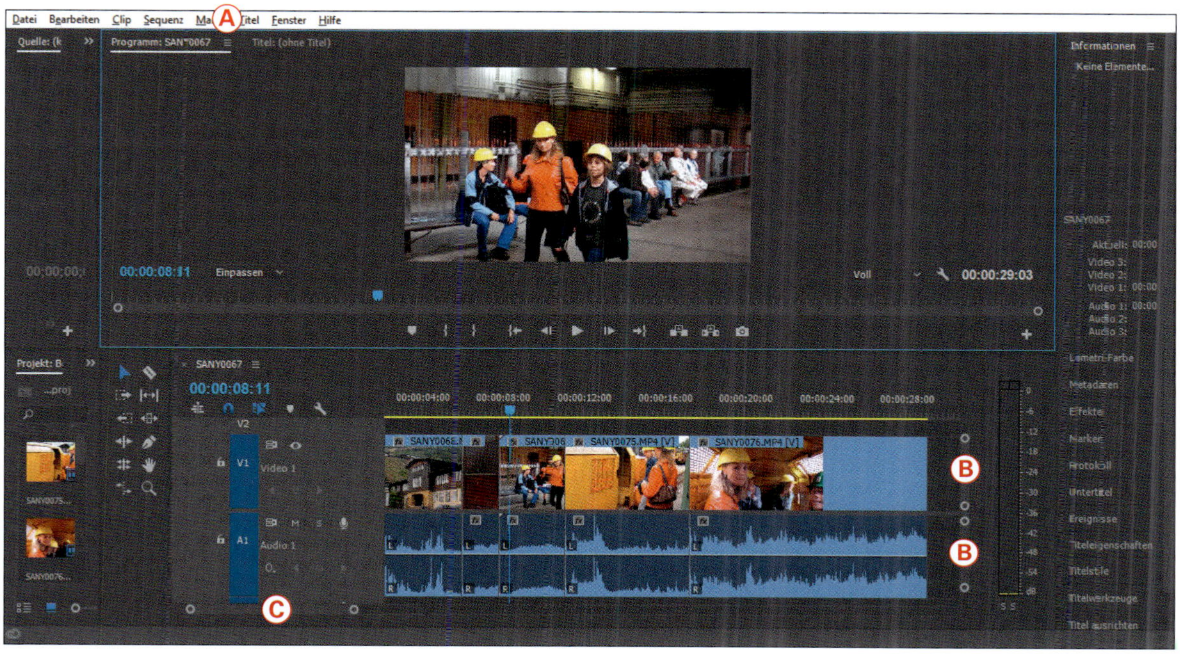

4.7.4 Feinschnitt

Nach dem Grobschnitt befinden sich die Clips in der gewünschten Reihenfolge und ungefähren Länge hintereinander im Schnittfenster.

Für das „Feintuning" stellt *Premiere Pro CC* eine Reihe von Werkzeugen zur Verfügung, die wir im Folgenden kurz beschreiben. Die Grafik auf der nächsten Seite soll dabei helfen, die Unterschiede der Werkzeuge zu verstehen. Bevor Sie diese in Ruhe ausprobieren, empfiehlt es sich, zunächst die Benutzeroberfläche anzupassen.

Making of ...

1 Verschieben Sie die Linien zwischen den Fenstern so, dass das *Schnittfenster* und der *Programmmonitor* möglichst groß dargestellt werden. Das *Projektfenster* und der *Quellmonitor* werden aktuell nicht benötigt und können verkleinert werden.

2 Eine zweite Möglichkeit besteht darin, den Programmmonitor als separates Fenster anzuzeigen. Klicken Sie hierzu auf die drei Striche **A** und danach auf *Fenster abdocken*. Nun können Sie das Schnittfenster noch größer darstellen. (Um dies rückgängig zu machen, ziehen Sie das Fenster mit gedrückter Maustaste an den alten Platz zurück.)

3 Vergrößern Sie die Höhe der Video- und Audiospur durch Ziehen der Ringe **B**. Zoomen im Schnittfenster erfolgt durch Ziehen der Ringe **C**.

4 Probieren Sie nun die auf der nächsten Seite beschriebenen Schnittwerkzeuge aus.

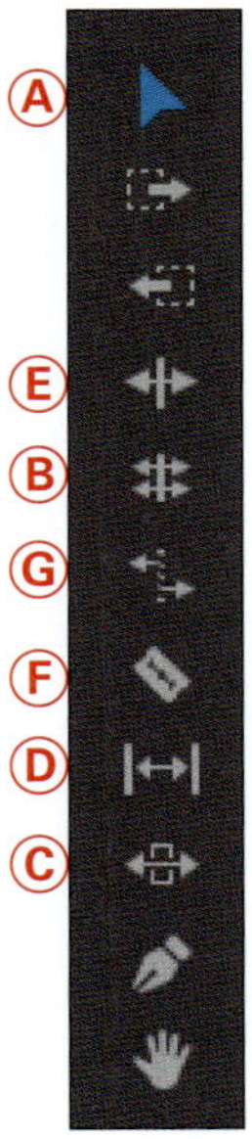

Auswahlwerkzeug A
Das wichtige Auswahlwerkzeug hat drei Funktionen:

- Ein Mausklick auf einen Clip wählt diesen aus. Mit gedrückter Shift-Taste können Sie mehrere Clips auswählen.
- Mit gedrückter Maustaste kann der Clip nach links oder rechts verschoben werden. Im Schnittfenster entsteht eine Lücke.
- Um einen Clip zu verlängern oder zu kürzen, verschieben Sie die Clip*kante* mit gedrückter Maustaste nach links oder rechts. Hierdurch verschieben Sie den In- bzw. Out-Point. Im Schnittfenster entsteht eine Lücke.

Rollen B
Rollen bezeichnet das Verschieben der Schnittkante zwischen zwei Clips, ohne dass eine Lücke entsteht. Bewegen Sie den rechten Clip mit gedrückter Maustaste nach rechts, verlängert sich der linke Clip und der rechte wird gekürzt. Die Gesamtdauer (beider Clips zusammen) bleibt erhalten.

Umgekehrt bewirkt eine Verschiebung nach links die Verkürzung des linken und Verlängerung des rechten Clips.

Clip verschieben (Slide) C
Verschieben Sie den rechten Clip mit gedrückter Maustaste nach rechts, so verlängert sich der linke Clip. Im Unterschied zum Auswahlwerkzeug entsteht also keine Lücke.

Verschieben Sie den rechten Clip nach links, verkürzt sich hierdurch der linke Clip.

Clipinhalt verschieben (Slip) D
Beim Slip verschieben Sie den In- und Out-Point im Clip, ohne dass sich hierbei die Dauer des Clips verändert.

Schnittkante verschieben (Ripple) E
Verschieben Sie mit gedrückter Maustaste die Schnittkante des rechten Clips nach rechts, dann wird der Clip entsprechend gekürzt (In-Point wird verschoben). Der Clip bleibt aber mit dem anderen verbunden, so dass nach Loslassen der Maustaste der Clip nach links rutscht.

Rasierklinge F
Das Icon ist selbsterklärend: Mit der Rasierklinke können Sie an jeder beliebigen Stelle im Clip einen Schnitt machen und den Clip hierdurch teilen. Danach kann jeder Teil mit dem Auswahlwerkzeug separat angeklickt und z. B. gelöscht werden.

Geschwindigkeit ändern G
Wenn Sie einen Clip mit diesem Werkzeug verlängern, dann läuft der Clip im Anschluss langsamer ab. Dies erscheint zunächst widersprüchlich, hat aber den Grund, dass durch die Verlängerung mehr Bilder erzeugt werden. Da die Abspielgeschwindigkeit immer gleich bleibt, dauert das Abspielen in diesem Fall länger (Slow Motion). Den gegenteiligen Effekt erhalten Sie durch Verkürzen des Clips (Zeitraffer).

Ein Icon (fx) auf dem Clip zeigt an, dass die Geschwindigkeit geändert wurde. Nach Rechtsklick auf den Clip und Auswahl von *Geschwindigkeit/Dauer* können Sie die Geschwindigkeit wieder auf 100 % zurücksetzen.

Lücke entfernen
Um im Schnittfenster eine Lücke zu entfernen, müssten Sie alle nachfolgenden Clips nach links verschieben. Dies geht einfacher, indem Sie einen Rechtsklick auf die Lücke machen und *Löschen und Lücke schließen* wählen.

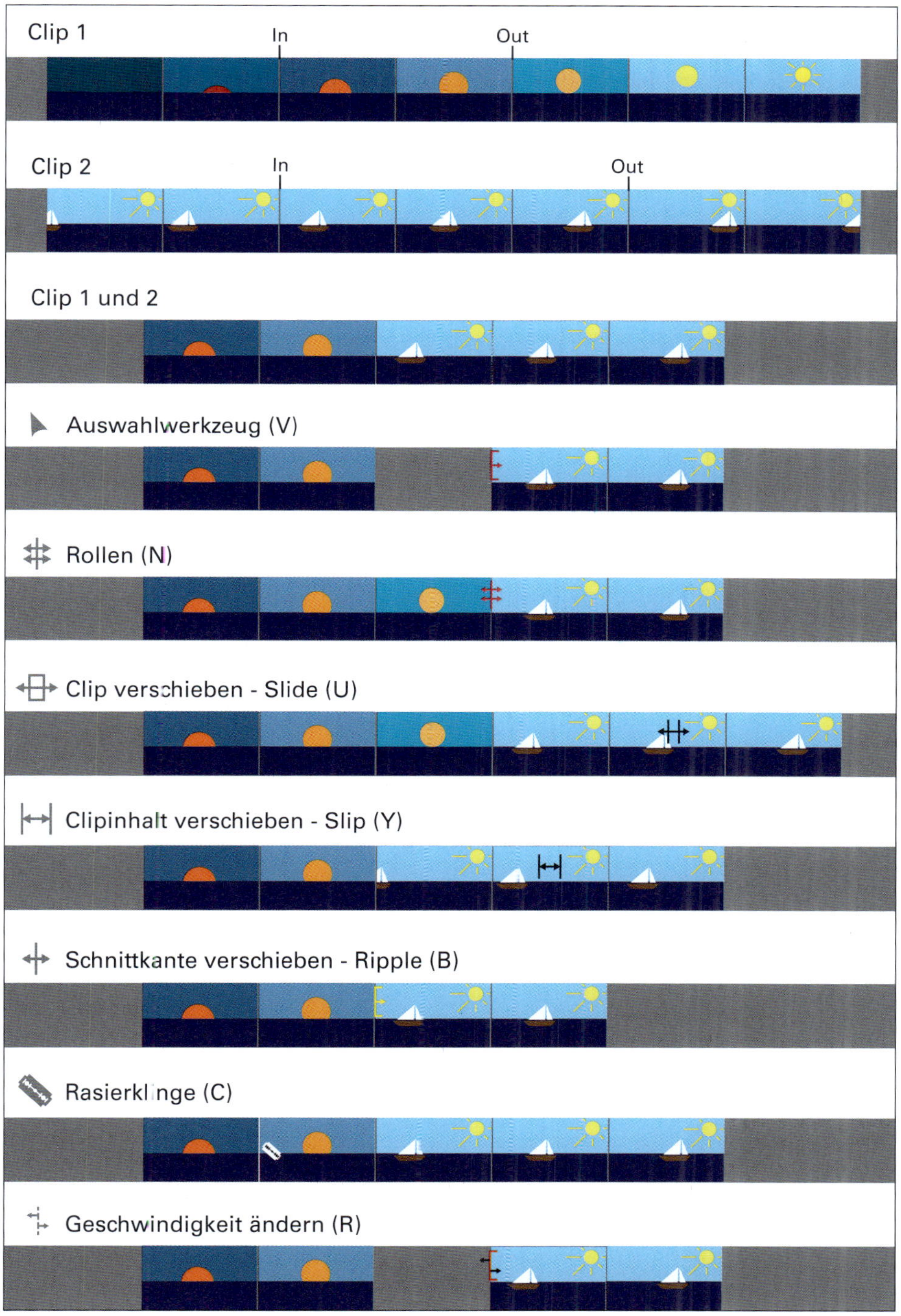

Schnitttechniken

Die Grafik stellt die unterschiedlichen Schnitttechniken schematisch dar.

Mit dem Buchstaben in Klammer lässt sich das Werkzeug (ohne Mausklick) auswählen.

4.7.5 Timecode

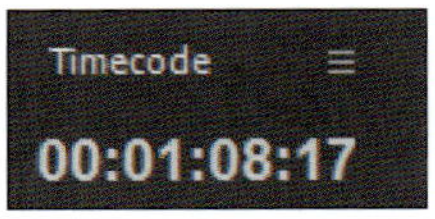

Vielleicht ist Ihnen im Schnittfenster die Anzeige der Position des Abspielkopfes aufgefallen, die von einer normalen Uhr abweicht. Um die Synchronisation der verschiedenen Video- und Audiospuren zu ermöglichen, ist eine exakte Steuerung des zeitlichen Ablaufs eines Videos notwendig. Zu diesem Zweck wurde ein Zeitstandard namens *SMPTE-Timecode* (Society of Motion Picture and Television Engineers) geschaffen. Hierbei wird jedem einzelnen Bild des Videos (Frame) eine exakte Zeit zugeordnet:

Die Angabe 00:01:08:17 besagt, dass sich der Abspielkopf aktuell an der Position 0 Stunden, 1 Minute, 8 Sekunden auf Bild 17 befindet. Die kleinste Zeiteinheit eines Videos ist das einzelne Bild. Handelt es sich um ein Video mit 25 Vollbildern pro Sekunde, so besitzt das Einzelbild eine Dauer von 1/25 oder 0,04 Sekunden oder 40 Millisekunden.

4.7.6 Überblendungen

Bisher haben wir die einzelnen Clips unseres Films übergangslos aneinandergereiht. Dies bezeichnet man als harten Schnitt und dies ist in 99 % aller Schnitte auch die richtige Wahl.

Manchmal jedoch kann es erwünscht sein, dass ein Übergang „weich" erfolgt, also der erste Clip aus- und der nächste eingeblendet wird. Diese visuelle Unterbrechung des Films ist immer dann richtig, wenn auch die Story des Films (gedanklich) unterbrochen werden soll, z. B. um einen Zeitsprung oder einen Ortswechsel darzustellen. Ein weiteres Beispiel ist das Abblenden auf Schwarz am Ende eines Films.

Making of ...

1 Klappen Sie die Effekte **A** auf. (Wählen Sie im Menü *Fenster > Effekte*, falls diese nicht sichtbar sind.)

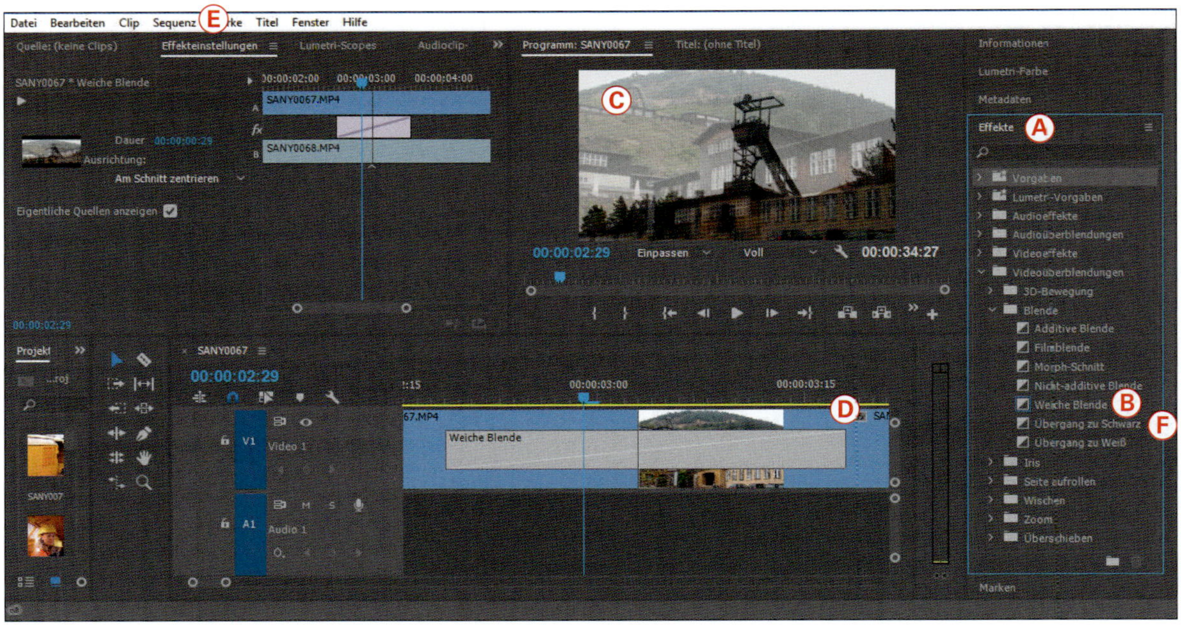

2 Wählen Sie *Videoüberblendung > Blende > Weiche Blende* **B** aus und ziehen Sie den Effekt mit gedrückter Maustaste auf die Schnittkante zwischen zwei Clips.

3 Beim Abspielen des Films sehen Sie nun bereits den weichen Übergang **C**.

4 Die Dauer des Übergangs können Sie direkt im Schnittfenster verändern, indem Sie den Rand des Übergangs **D** nach links oder rechts ziehen.

5 Falls Sie noch genauere Einstellungen vornehmen möchten, öffnen Sie oben links die *Effekteinstellungen* **E**.

6 Blenden Sie Ihren Film mit der Blende *Übergang zu Schwarz* **F** am Filmende aus.

4.7.7 Titel

Premiere Pro CC besitzt einen umfangreichen „Titel-Designer", mit dem Sie in Ihrem Film an beliebigen Stellen Text einblenden können, z. B. um einen Vor- oder Abspann zu erstellen.

Titel – Making of …

1 Wählen Sie im Menü *Titel > Neuer Titel > Standardtitel…* und vergeben Sie dem Titel einen Namen.

2 Öffnen Sie das Fenster *Titelwerkzeuge*. Wählen Sie das *Textwerkzeug* **G** und klicken Sie in das Titelfenster. Geben Sie den gewünschten Text ein.

3 Zur Formatierung des Textes (Schriftart, -größe, -farbe) haben Sie drei Möglichkeiten: Direkt im *Titel-Designer* **H**, im Fenster *Titel-*

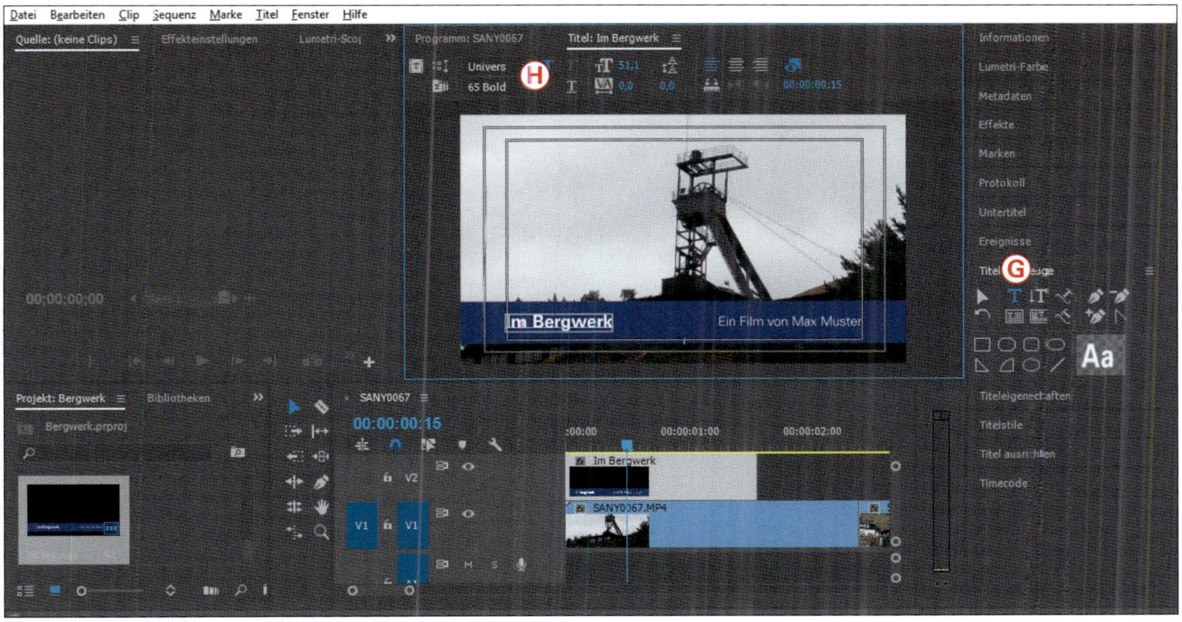

eigenschaften **A** oder im Fenster *Titelstile* **B**.

4 Um den Text mit einer farbigen Fläche zu hinterlegen, klicken Sie auf das *Rechteck-Werkzeug* **C**. Ziehen Sie den Rahmen in der gewünschten Größe auf und platzieren Sie ihn. Wählen Sie im Menü *Titel > Anordnen > In den Hintergrund*, um den Rahmen hinter den Text zu verschieben.

5 Wenn der Titel erstellt ist, muss er im Film platziert werden. Verschieben Sie hierzu den Abspielkopf an die gewünschte Stelle, z. B. an den Anfang des Films. Falls das Video nicht sichtbar ist, blenden Sie es mit Icon **D** ein.

6 Ziehen Sie den Titel aus dem Projektfenster **E** in die Videospur V2 **F**. Passen Sie die Länge des Titels an.

Der Filmabspann bewegt sich üblicherweise von unten nach oben *(Rolltitel)*. Im Unterschied dazu spricht man vom *Kriechtitel*, wenn sich der Text von rechts nach links bewegt.

Rolltitel – Making of …

1 Erstellen Sie den Titel Ihres Filmabspanns wie eben beschrieben.

2 Platzieren Sie den Abspann nach dem letzten Clip ans Ende des Films in Videospur V1.

3 Wählen Sie im Menü *Titel > Rolltiteloptionen …* und setzen Sie die Häkchen bei *In Bildschirm hinein* und bei *Aus Bildschirm heraus*.

4 Passen Sie die Länge und damit die Geschwindigkeit des Abspanns an. Je länger der Clip ist, umso langsamer bewegt sich der Text.

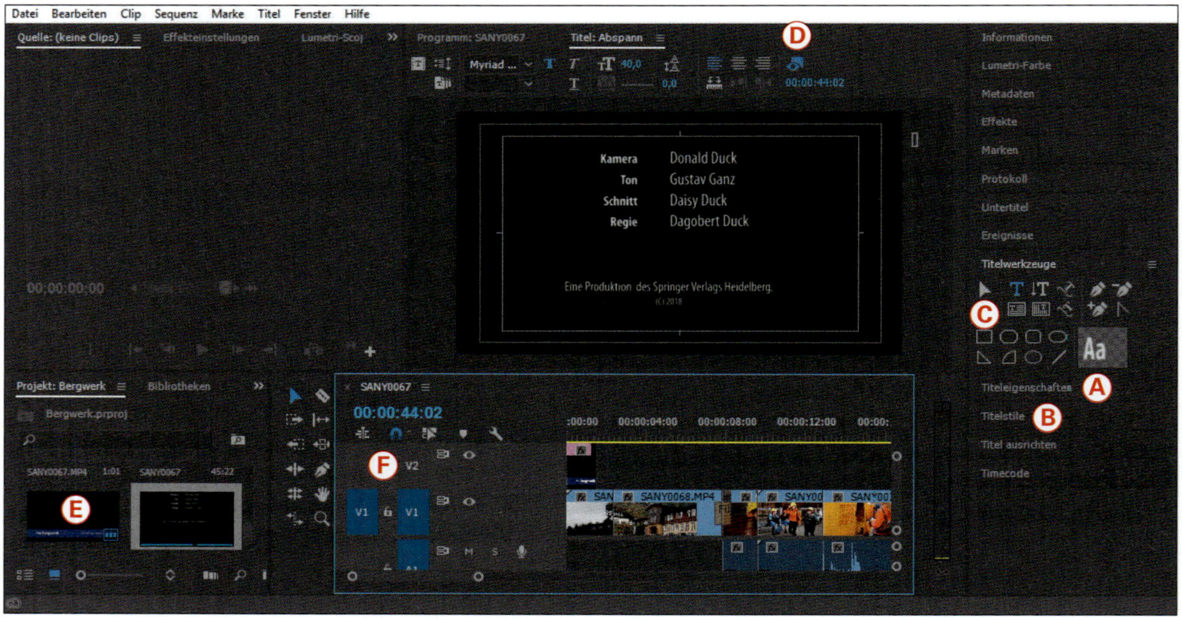

4.7.8 Vertonung

Auf Seite 64 haben Sie Möglichkeiten der Vertonung eines Films kennengelernt: Es kann sich um O-Ton, Atmo, Musik oder Effektgeräusche handeln. In diesem Tutorial mischen wir den O-Ton mit einer hinzugefügten Musik ab. Bitte achten Sie bei Musik darauf, dass Sie lizenzfreie Werke nehmen. Im Internet werden Sie fündig, z. B. unter www.medienpaedagogik-praxis.de.

Making of ...

1 Importieren Sie im Menü *Datei > Importieren* eine Musikdatei.

2 Ziehen Sie die Musikdatei aus dem Projektfenster in die Audiospur A2 **A** des Schnittfensters.

3 Rufen Sie im Menü *Fenster* den *Audiospur-Mischer* **B** auf. Mit Hilfe der Schieberegler (Fader) können Sie die Lautstärke des O-Tons (Audio1) **C** mit der Lautstärke der Musik (Audio 2) **D** abmischen. Mit dem Master **E** pegeln Sie die Gesamtlautstärke ein.

4 Das „Feintuning“ innerhalb der Audioclips erfolgt mit Hilfe von *Keyframes*. Um die Musik zu Beginn einzublenden, bewegen Sie den Abspielkopf an den Anfang. Klicken Sie auf Icon **F**, um ein Keyframe zu setzen. Positionieren Sie etwas weiter rechts ein zweites Keyframe. Verschieben Sie nun das linke Keyframe nach unten (= leise) und das rechts oben (= laut) **G**.

5 Falls Sie schon mit *Adobe Audition CC* gearbeitet haben (siehe Seite 23), können Sie die Clips dort nachbearbeiten (Menü *Bearbeiten > In Adobe Audition bearbeiten > Clip*).

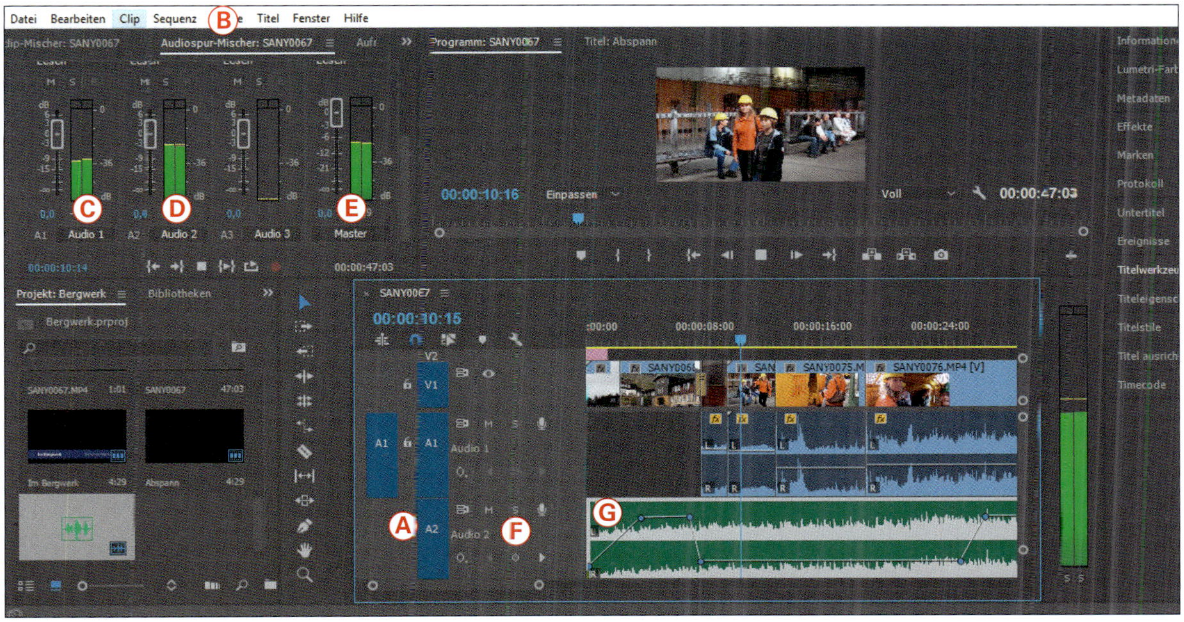

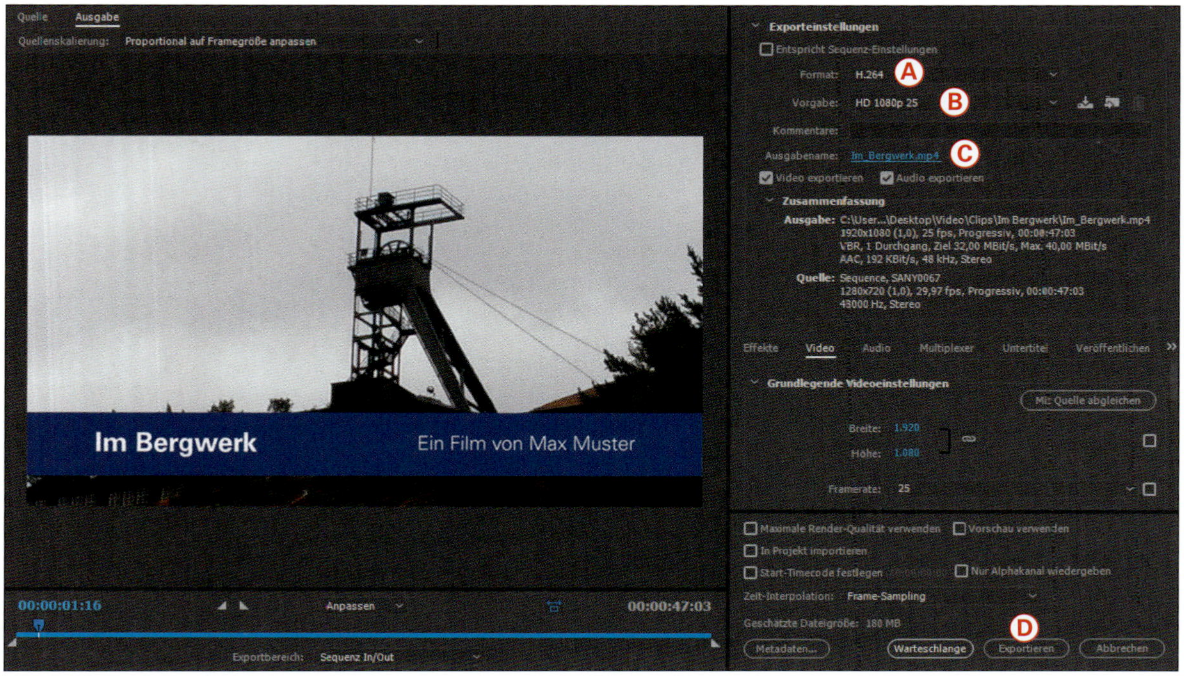

4.7.9 Rendering

Unter Rendering wird die Berechnung der Videodatei verstanden. In Abhängigkeit von der Länge des Films, der Anzahl an Spuren, Effekten, Übergängen und Audioclips sowie der Rechenpower Ihres Computers kann dieser Vorgang ziemlich lange dauern.

Making of ...

1 Wählen Sie im Menü *Datei > Exportieren > Medien...*

2 Wählen Sie das Ausgabeformat. Für aktuelle Projekte ist *H.264* **A** die richtige Wahl sein. Als Nachfolger steht H.265 bereit.

3 Die Kennwerte für das technische Setting haben wir in Kapitel 3 besprochen. *Premiere Pro CC* macht es Ihnen aber leicht, weil unter *Vorgaben* **B** eine große Liste an möglichen Zielorten für Ihr Video angegeben ist, z. B. YouTube, Twitter oder Facebook.

4 Vergeben Sie den gewünschten Dateinamen **C** und achten Sie darauf, dass die Häkchen bei *Video exportieren* und *Audio exportieren* gesetzt sind.

5 Schließen Sie mit *Exportieren* **D** ab – und freuen Sie sich auf Ihren Videofilm.

4.8 Aufgaben

1 Kennwerte einer Kamera kennen

Zählen Sie fünf Kennwerte einer Kamera auf.

1. ....
2. ....
3. ....
4. ....
5. ....

2 Objektive unterscheiden

a. Ein Objektiv hat eine Brennweite von 80 mm. Um welchen Objektivtyp handelt es sich?

....

b. Geben Sie die typische Brennweite eines Normalobjektivs an.

....

c. Erklären Sie den Unterschied zwischen optischem und digitalem Zoom.

....

....

....

....

3 Kameraeinstellungen verstehen

Vervollständigen Sie den Satz.

a. Je größer die Brennweite ist, umso

....

(kleiner/größer) ist der Bildwinkel.

b. Je größer die Blende (Blendenzahl) ist, umso

....

(kleiner/größer) ist die Schärfentiefe.

c. Je größer die Blende (Blendenzahl) ist, umso

....

(kleiner/größer) ist die Blendenöffnung.

d. Je größer die Brennweite ist, umso

....

(kleiner/größer) ist die Schärfentiefe.

4 Kamera auswählen

Videofilmen können Sie mit:

a. Camcorder
b. Digitalkamera
c. Smartphone

Nennen Sie für jedes Gerät zwei Vorteile.

a. ....

....

b. ....

....

c. ....

....

5 Drei-Punkt-Ausleuchtung kennen

a. Nennen Sie die Bezeichnung der drei Leuchten bei der Drei-Punkt-Ausleuchtung.

1. ....

2.

3.

b. Zeichnen Sie die Position der Leuchten in die Grafik ein.

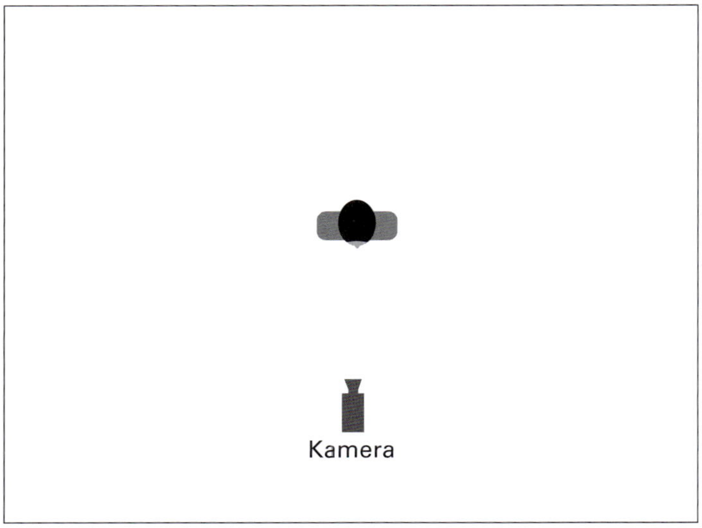

6 Weißabgleich verstehen

Erklären Sie die Funktion eines Weißabgleichs.

7 Ton aufnehmen

a. Erklären Sie den Begriff O-Ton.

b. Nennen Sie zwei Maßnahmen, um die Qualität des O-Tones zu verbessern.

1.

2.

8 Videofilm konzipieren

Definieren Sie:

a. Exposé

b. Treatment

c. Drehplan

9 Einstellungen kennen

Nennen Sie die Funktion/Wirkung folgender Einstellungen.

a. Totale

b. Halbnah

c. Detail

10 Einstellungen kennen

Geben Sie jeweils die Einstellung an.

a.

b.

c.

d.

e.

11 Kamerabewegung unterscheiden

a. Erklären Sie den Unterschied zwischen einer Kamerafahrt und einer Zoomfahrt.

Kamerafahrt:

Zoomfahrt:

b. Nennen Sie jeweils einen Vorteil.

Vorteil Kamerafahrt:

Vorteil Zoomfahrt:

12 Anschlussfehler kennen

a. Erklären Sie den Begriff Anschlussfehler.

b. Zählen Sie drei Beispiele für Anschlussfehler auf.

1.

2.

3.

13 Timecode kennen

a. Wo befindet sich der Abspielkopf, wenn der Timecode `01:25:13:12` beträgt?

Stunde:

Minute:

Sekunde:

Bild:

b. Begründen Sie, weshalb die Position nicht einfach durch Stunde, Minute und Sekunde angegeben wird.

14 Überblendung verstehen

a. Begründen Sie, weshalb bei Filmen mit „harten" Schnitten, also ohne Überblendung gearbeitet wird.

b. Geben Sie ein Beispiel dafür, in welchem Fall eine Überblendung sinnvoll ist.

15 Parameter für Rendering kennen

Ein Film wird mit folgenden Parametern gerendert:

- H.264
- HD 1080
- 25p

Erklären Sie die Bedeutung:

H.264:

HD 1080:

25p:

5.1 Lösungen

5.1.1 Audiotechnik

1 Grundbegriffe der Audiotechnik kennen

Grundlagen der Audiotechnik	w	f
Die Frequenz ist ein Maß für die Höhe eines Tones.	x	
Der Hörbereich des Menschen liegt zwischen 20 Hz und 20 kHz.	x	
Der Frequenzbereich unterhalb von 20 Hz wird als Ultraschall bezeichnet.		x
Ein hoher Ton besitzt eine niedere Frequenz, ein tiefer Ton eine hohe Frequenz.		x
Die Amplitude einer Schwingung ist ein Maß für die Stärke des Tones.	x	
Unser Ohr bzw. Gehirn „arbeitet" logarithmisch.	x	
Klänge bestehen aus einem Grundton plus Obertönen.	x	
Obertöne über 20 kHz werden nicht wahrgenommen.		x
Geräusche bestehen immer aus einem Frequenzgemisch.	x	
Die drei Gehörknöchel heißen Meisel, Amboss und Steigbügel.		x

2 Ton, Klang, Geräusch unterscheiden

a. Ein Ton ist immer eine sinusförmige Schwingung mit einer einzigen Frequenz.
b. Ein Klang setzt sich aus Grund- und Obertönen zusammen, die sich additiv überlagern.
c. Bei Geräuschen handelt es sich um Frequenzgemische ohne ganzzahligen Zusammenhang.

3 Logarithmische Pegel verstehen

a. Unser Ohr hört ebenfalls logarithmisch und nicht linear.
b. 20 log(10) = 20 dB
c. 20 log(0,01) = -40 dB

4 Shannon-Theorem kennen

a. Die Abtastfrequenz muss doppelt so hoch sein wie die höchste Signalfrequenz.
b. 20 kHz · 2 = 40 kHz
c. Obertöne besitzen deutlich höhere Frequenzen als 20 kHz.

5 Kennwerte digitalen Sounds verstehen

a. Die Abtastfrequenz ist die Anzahl an Messwerten pro Sekunde.
Einheit: Hertz (Hz bzw. kHz)
b. Die Abtastfequenz muss doppelt so hoch sein wie die höchste Signalfrequenz.
c. Die Abtasttiefe ist die Anzahl an Speicherplätzen, die zur Speicherung eines Abtastwerts genutzt werden.
Einheit: Bit
d. Abtastfrequenz: 44,1 kHz, 96 kHz
Abtasttiefe: 16 Bit, 24 Bit

6 Datenmenge von Sound berechnen

a. D = 44.100 Hz · 16 Bit · 2 · 30 · 60 s
= 2.540.160.000 Bit |:8
= 317.520.000 B |:1.024
= 310.078 KB |:1.024
= 302,8 MB
b. 100% - 85% = 15% = 0,15
302,8 MB · 0,15 = 45,4 MB

7 Datenrate von Sound berechnen

a. D = 3,8 MB |· 8
= 30,4 MBit |· 1.024
= 31.130 kBit |· 1.024
= 31.876.710 Bit
b. D = 31.876.710 Bit
t = 180 s
d = 31.876.710 Bit/180 s
= 177.093 Bit/s
= 177,1 kBit/s

P. Bühler, P. Schlaich, D. Sinner, *AV-Medien*, Bibliothek der Mediengestaltung,
https://doi.org/10.1007/978-3-662-54605-5

c. $d = 1\,\text{MBit/s} \cdot 0{,}65$
$= 0{,}65\ \text{MBit/s}$
$= 650\ \text{kBit/s}$
$> 177{,}1\ \text{kBit/s}$
Die Datenrate der Internetanbindung ist deutlich höher als die des Sounds. Eine Übertragung ist deshalb möglich.

8 Audioformate kennen

a. WAV, AIF(F)
b. FLAC, Apple Lossless
c. MP3, AAC

9 MP3 kennen

a. Prinzip: Alle Frequenzen, die nicht hörbar sind, werden entfernt (Maskierung).
b. $192\ \text{kBit/s} = 0{,}192\ \text{MBit/s}$
$0{,}192\ \text{MBit/s} / 1{,}4\ \text{MBit/s}$
$= 0{,}14 = 14\,\%$
$100\,\% - 14\,\% = 86\,\%$

10 Sounddatei erstellen

a. 44,1 kHz (44.100 Hz)
b. 2 (Stereo)
c. 16 Bit

5.1.2 Homerecording

1 Komponenten eines Homerecording-Studios anschließen

Sämtliche analogen Geräte werden mit dem Audio-Interface verbunden. Zwischen Audio-Interface und Computer wird (meistens über USB) eine digitale Verbindung hergestellt (siehe Grafik rechts oben).

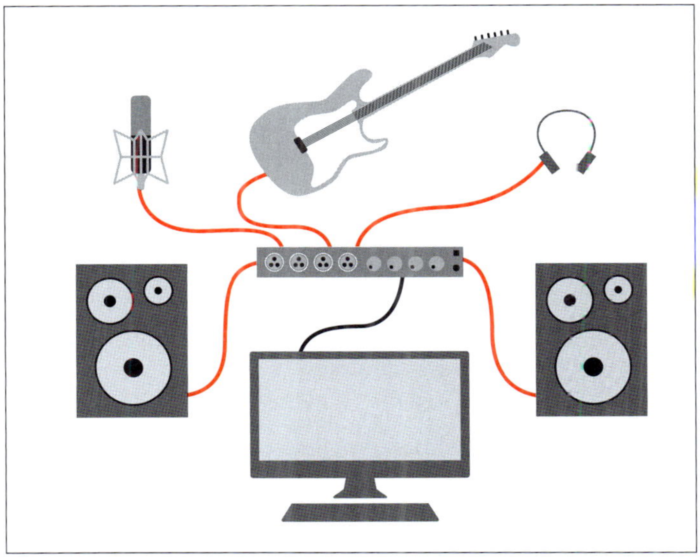

2 Steckerbezeichnungen kennen

a. A: Cinch
B: Klinke
C: XLR
D: Speakon
b. A: Audiogeräte, Lautsprecher
B: Kopfhörer, Instrumente, Lautsprecher
C: Mikrofone, Lautsprecher
D: Lautsprecher

3 Sprecherkabine einrichten

a. Schallreflexionen verfälschen die Aufnahme und können in der Nachbearbeitung kaum mehr entfernt werden.
b. Boden: Teppichboden
Wände/Decke: Polyurethan-Weichschaummatten
Tür: möglichst doppelwandig, mit Weichschaummatte verkleidet
Fenster: zwei schrägstehende Scheiben, die oben und unten unterschiedlich weit auseinander sind.

4 Rückkopplung vermeiden

a. Schriller Pfeiffton, der entstehen kann, wenn Schall aus dem Lautsprecher auf das Mikrofon trifft.
b. Lautsprechermembran kann platzen, Trommelfell kann platzen.
c. Mikrofone müssen hinter den Lautsprechern platziert werden.

5 Übersteuerung vermeiden

a. Übersteuerung führt zu hörbaren Störungen in der Aufnahme.
b. 1. Abstand zum Mikrofon vergrößern.
   2. Pegel am Mikrofoneingang reduzieren

6 Aufnahmen im Freien

a. Das Mikrofon hat keine hohe Qualität. Es nimmt aus allen Richtungen und damit auch Störgeräusche auf.
b. 1. Ansteckmikrofon verwenden.
   2. Windschutz (DeadCat) verwenden.

7 Audiodatei erstellen

a. Abtastrate:
   48 kHz (44,1 kHz)
b. Abtasttiefe:
   24 Bit (16 Bit)
c. Kanäle:
   Stereo

8 Audiofilter anwenden

a. Normalisieren erhöht die Lautstärke ohne Übersteuerung.
b. De-Esser entfernt S-Laute aus Sprach- oder Gesangsaufnahmen.
c. Equalizer ermöglicht die Verstärkung oder Reduktion bestimmter Frequenzen.

5.1.3 Videotechnik

1 Video-Kennwerte verstehen

a. 720: Bildhöhe beträgt 720 Pixel
   50i: 50 Halbbilder/s (Interlaced Mode)
b. 1.080: Bildhöhe beträgt 1.080 Pixel
   25p: 25 Vollbilder/s (Progressive Mode)
c. Full HD erfordert eine Bildhöhe von 1.080 Pixel, also Auswahl b.

2 Fernsehstandards kennen

a. UHD = Ultra High Definition mit einer Auflösung von 3.840 · 2.160 px (4K) oder sogar 7.680 · 4.320 px (8K)
b. Derzeit wird noch nicht in UHD gesendet. (Es gibt allerdings UHD-Filme auf Blu-ray-Disc.)

3 Mit Seitenverhältnissen rechnen

a. 800 px · 9 / 16 = 450 px
b. 800 px · 9 / 21 = 342 px

4 Farbunterabtastung verstehen

a. Unser Auge erkennt Helligkeitsunterschiede besser als Farbunterschiede.
b. Von je 4 Pixeln werden alle Helligkeiten (Y), aber nur je eine Farbe (Cb, Cr) gespeichert.
c. 4 : 4 : 4 = 4 + 4 + 4 = 12 Byte
   4 : 1 : 1 = 4 + 1 + 1 = 6 Byte
   Reduktion um 50 %

5 Datenmenge berechnen

a. 25 MBit/s · 30 · 60 s
   = 45.000 MBit |· 1.000
   = 45.000.000 kBit |· 1.000
   = 45.000.000.000 Bit |: 8
   = 5.625.000.000 Byte |: 1.024
   = 5.493.164 KB |: 1.024

= 5.364,4 MB |:1.024
= 5,245 GB

b. 25MBit/s : 8MBit/s = 3,125

6 Datenstrom berechnen

a. 50 · 1.920 · 1.080 · 24 Bit
= 2.488.320.000 Bit/s
= 2.488.320 kBit/s
= 2.488 MBit/s

b. 2.488 MBit/s : 8 MBit/s
311 : 1

7 Videokompression verstehen

a. Bei räumlicher Kompression wird jedes Einzelbild für sich komprimiert.
b. Bei zeitlicher Kompression werden die Veränderungen bei Bildfolgen komprimiert.

8 Fachbegriffe der Videokompression erklären

a. Video-Codec:
Kompressionsalgorithmus zur Reduktion der Datenmenge
b. Bildrate:
Bildanzahl pro Sekunde [Bps]
c. Daten- oder Bitrate:
Datenmenge pro Sekunde, z.B. kBit/s
d. Containerformat:
Dateiformat zur Einbettung von Audio, Video und Metainformationen

9 Containerformate kennen

a. MPEG-2, MPEG-4
b. .mpg (.mpeg, .m2v), .mp4

10 MPEG-Kompression erklären

a. I-Frames: Bildinformationen des gesamten Bildes.
b. P-Frames: Änderungen zum vorherigen Bild
c. B-Frames: Interpolation aus vorherigem und nachfolgendem Bild

11 Videoübertragung im Internet kennen

a. Streaming:
Übertragung von Livesendungen
Progressive Download:
Abspielen des Videos während der Übertragung ist möglich.
b. Streaming:
Livesendungen, Videokonferenzen
Progressive Download:
Video-on-Demand, Videoportale

12 Tonformate kennen

Hinweis: Der Subwoofer kann überall platziert werden.

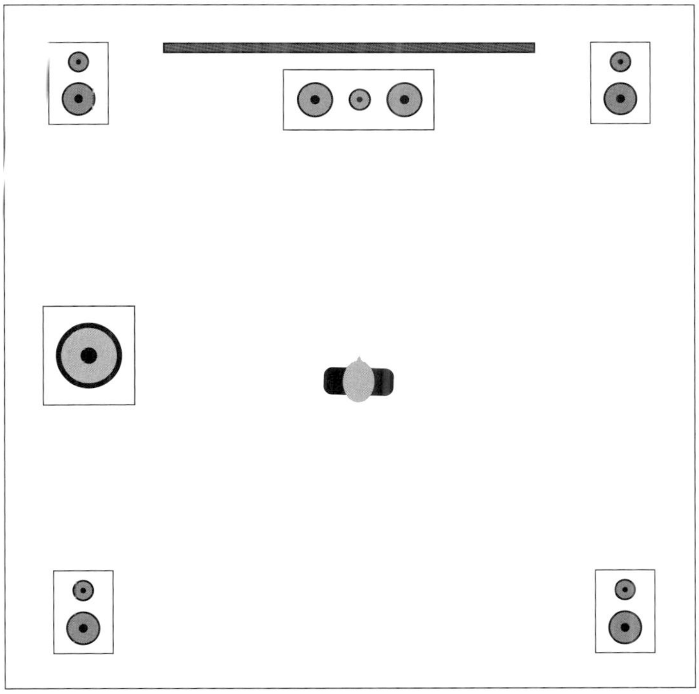

5.1.4 Videofilmen

1 Kennwerte einer Kamera kennen

1. Kameratyp (Camcorder, DSLR...)
2. Bildsensor (Art, Pixelanzahl)
3. Objektiv (Art, Brennweite, Lichtstärke)
4. Speicherkarte
5. Display (Auflösung, Größe)
6. Anschlüsse
7. Mikrofon

2 Objektive unterscheiden

a. Teleobjektiv
b. 50 mm
c. Optisch: Zoomen erfolgt durch Linsensystem
   Digital: Zoomen erfolgt durch Bildberechnung

3 Kameraeinstellungen verstehen

a. Je größer die Brennweite ist, umso kleiner ist der Bildwinkel.
b. Je größer die Blende (Blendenzahl) ist, umso größer ist die Schärfentiefe.
c. Je größer die Blende (Blendenzahl) ist, umso kleiner ist die Blendenöffnung
d. Je größer die Brennweite ist, umso kleiner ist die Schärfentiefe.

4 Kamera auswählen

Videofilmen können Sie mit:

a. Camcorder:
   - Spezielle Videofunktionen z.B. Zoomwippe
   - preisgünstiger als DSLR/DSLM
b. Digitalkamera:
   - großer Bildsensor (hohe Bildqualität)
   - auch für Fotografie geeignet
c. Smartphone
   - immer dabei
   - „Action"-Aufnahmen z.B. beim Sport möglich

5 Drei-Punkt-Ausleuchtung kennen

a. 1. Führungslicht (Key Light)
   2. Aufheller (Fill Light)
   3. Gegenlicht (Back Light)
b. Grafik auf Seite 62

6 Weißabgleich verstehen

Kameraelektronik passt die Farbtemperatur an das vorhandene Licht an.

7 Ton aufnehmen

a. Originalton während der Aufnahme
b. 1. Tonangel
   2. Ansteckmikrofon
   3. Richtmikrofon
   4. Windschutz (DeadCat)

8 Videofilm konzipieren

a. Exposé: Kurzbeschreibung des geplanten Filmprojekts
b. Treatment: Beschreibung der Szenen eines Filmprojekts, z. B. Dauer, Ort, Handlung, Ton
c. Drehplan: Zeitliche und örtliche Planung der Aufnahmen

9 Einstellungen kennen

a. Totale:
   Überblick verschaffen, Zuschauer an Handlungsort führen
b. Halbnah:
   Bezug zu Personen herstellen, Mimik/Gestik erkennen
c. Detail:
   Fokus auf wichtige Einzelheit lenken

10 Einstellungen kennen

a. Groß (oder Nah)
b. Totale
c. Nah (oder Halbnah)
d. Detail
e. Amerikanisch (oder Halbnah)

11 Kamerabewegung unterscheiden

a. Kamerafahrt: Kamera bewegt sich, Motiv ruht oder bewegt sich auch.
   Zoomfahrt: Kamera zoomt an Motiv heran und vom Motiv weg.
b. Vorteil Kamerafahrt:
   Bildauschnitt verändert sicht nicht, wirkt realistisch
   Vorteil: Zoomfahrt:
   Besser umsetzbar als Kamerafahrt

12 Anschlussfehler kennen

a. Widersprüche beim Wechsel von Einstellungen.
b. 1. Fehlende Requisite
   2. Andere Frisur
   3. Anderes Licht
   4. Andere Kleidung
   5. Andere Zeit
   6. Anderer Ort

13 Timecode kennen

a. Stunde: 1
   Minuten: 25
   Sekunden: 13
   Bild: 12
b. Damit der Zugriff auf jedes Einzelbild (Frame) möglich ist.

14 Überblendung verstehen

a. Überblendungen lenken ab und wirken störend.
b. Ortswechsel, Zeitwechsel, andere Handlung.

15 Parameter für Rendering kennen

- H.264:
  Codec als Kompressions-/Dekompressionsverfahren
- HD 1080:
  Full-HD-Auflösung mit 1.920 x 1.080 Pixeln
- 25p:
  25 Vollbilder/s (p = progressive Mode)

5.2 Links und Literatur

Links

Autorengesellschaft für Musik
www.gema.de

Linksammlung für lizenzfreie Musik
www.medienpaedagogik-praxis.de

Literatur

Joachim Böhringer et al.
Kompendium der Mediengestaltung
IV. Medienproduktion Digital
Springer Vieweg 2014
ISBN 978-3642545825

Jörg Jovy
Digital filmen
Rheinwerk Computing 2017
ISBN 978-3836245135

Robert Klaßen
Grundkurs Digitales Video
Galileo Design 2014
ISBN 978-3836228350

5.3 Abbildungen

S2, 1: Der Körper des Menschen, dtv-Verlag
S3, 1: Autoren
S4, 1: Autoren
S5, 1: Autoren
S6, 1: Matthieu Riegler (iPod), https://commons.wikimedia.org/wiki/File:IPod_family.png (Zugriff: 02.08.2017)
S11, 1: Autoren
S16, 1: Autoren
S17, 1: https://www.thomann.de/de/steinberg_ur22_mk2.htm (Zugriff: 02.08.2017)
S18, 1: Autoren
S18, 2: https://www.thomann.de/de/rode_nt1a_complete_vocal_recording.htm (Zugriff: 02.08.2017)
S19, 1: https://www.thomann.de/de/swissonic_asm5.htm (Zugriff: 02.08.2017)
S20, 1: www.thomann.de (Zugriff: 30.09.2013)
S21, 1: Autoren
S21, 2: https://www.thomann.de/de/the_takustik_sap80_pyramidenschaum.htm (Zugriff 02.08.2017)
S24, 1: https://www.amazon.de/Rode-Smart-Lav-Lavalier-Mikrofon-Smartphone-Fell-Windschutz/dp/B01AURWKMI
S24, 2: https://www.amazon.de/Rode-Video-Mic-Ultra-kompaktes-Kondensator-Richtmikrofon-Smartphone/dp/B018KIJGU8
S25, 1: Autoren
S33, 1: Autoren
S33, 2: www.thomann.de (Zugriff: 30.09.2013)
S36, 1: CC0, Wikipedia (Zugriff: 07.08.2017)
S36, 2: Autoren
S37, 1, 2, 3: Wikipedia (Zugriff: 07.08.2017)
S38, 1, 2, 3: Screenshot aus „Ice Age“ (Zugriff: 07.08.2017)
S39, 1, 2, 3: Frank Leber, www.pixelio.de (Zugriff: 04.10.2004)
S40, 1: Autoren
S41, 1: CC0, Wikipedia (Zugriff: 07.08.2017)
S42, 1: Autoren
S46, 1: CC0, https://static.pexels.com/photos/105831/pexels-photo-105831.jpeg (Zugriff: 07.08.2017)
S48, 1: Autoren
S49, 1: https://www.youtube.com/watch?v=N1P-9vHwyEU (Zugriff: 10.08.2017)
S50, 1: Autoren (Foto: www.tagesschau.de)
S51, 1, 2, 3: Wikipedia (Logos)
S52, 1: Wikipedia
S55, 1: Autoren
S56, 1: Autoren
S57, 1, 2: Autoren
S58, 1a: www.sachtler.com (Zugriff: 12.04.2011)
S58, 1b: James, CC BY 2.0, https://www.flickr.com/photos/mblazeimages/7223622122 (Zugriff: 10.08.2017)
S59, 1: Autoren
S60, 1a: http://www.testberichte.de/foto-video-und-optik/2586/camcorder/4k-camcorder.html (Zugriff: 10.08.2017)
S60, 1b: http://www.chip.de/artikel/Nikon-D500-DSLR-Test_94774838.html (Zugriff: 10.08.2017)
S60, 1c: http://www.chip.de/artikel/Panasonic-Lumix_DMC-GH3-DSLM-ueber-1.000-Euro-Test_59340134.html (Zugriff: 10.08.2017)
S60, 1d: http://www.chip.de/test/Sony-XperiaX-Zs_115009913.html (Zugriff: 10.08.2017)
S62, 1: https://www.foto-morgen.de/Studioausstattung/Dauerlicht/LED-Leuchten/Yongnuo-YN900-Pro-LED-Videoleuchte-5500-K.html?pgNr=1 (Zugriff: 21.08.2017)
S62, 2: Autoren
S63, 1: https://www.foto-morgen.de/Studioausstattung/Faltreflektor-Reflektor/Phorex-2in1-Faltreflektor-Rund-105cm-Gold-und-Silber.html?pgNr=1 (Zugriff: 21.08.2017)
S63, 2: CC0, https://pixabay.com/de/menschen-silhoutte-gegenlicht-43351/ (Zugriff: 21.08.2017)
S64, 1: www.thomann.de (Zugriff: 09.05.2011)
S65, 1: Autoren
S68, 1 – 7: Autoren
S69, 1: Autoren
S70, 1: Autoren
S71, 1, 2: Autoren
S72, 1: CC0, www.pexels.com (Zugriff: 10.08.2017)
S73, 1: Autoren
S74, 1: https://www.youtube.com/watch?v=o5qXCzknxn8 (Zugriff: 15.08.2017)
S81, 1: Autoren
S89, 1 – 5: Autoren

5.4 Index

Symbole

A

B

C

D

E

F